FRÉDÉRIC
CASSEL

# — ROTE —
# FRÜCHT
# CHEN

## 70 köstliche Rezepte
## mit Sommerbeeren

**Fotos von Laurent Fau**
**Foodstyling: Sarah Vasseghi**

GERSTENBERG

## DIE ZEIT DER ROTEN FRÜCHTE

Bei jedem Schälchen mit Himbeeren erinnerte sich Frédéric Cassel an den herrlichen Geschmack der Obstkuchen, die seine Großmutter einst aus den Früchten ihres Gartens zubereitete. Vor etwa zehn Jahren bot ihm dann Monsieur Chardon, ein Landwirt, einige Schälchen voll frischer Himbeeren aus eigenem Anbau an. Zu wenig für einen Patissier, dessen Interesse gerade erst geweckt war. Aus dieser kulinarischen Begegnung entstand im Lauf einiger Jahre ein echter Beerengarten. Die Pflanzen vermehrten sich im Rhythmus der Bestellungen des Patissiers. Gab es im Betrieb von Monsieur Chardon anfangs nur ein Treibhaus, sind es heute ganze sieben. Die köstlichen Früchte, die in Verteau geerntet werden, und die Patisserie in Fontainebleau trennen nur einige Kilometer. Und stets werden diese voller Freude zurückgelegt. Die Produkte, ihre Herkunft und ihr Anbau, geprägt vom Respekt für die Natur, stehen für das Unternehmen von Monsieur Chardon, inzwischen ein Familienbetrieb, im Mittelpunkt. Gleiches gilt für Frédéric Cassel, dem es am Herzen liegt, in seinen Kreationen den natürlichen Geschmack der Früchte zur Geltung zu bringen. Johannisbeeren frisch vom Strauch, leicht zerdrückte Erdbeeren mit Sahne und etwas Zucker – eine glückliche Erinnerung an die mütterliche Küche – oder die berühmte französische Erdbeertorte – hier entfalten rote Früchtchen ihre ganze Magie. Sie bieten sich an für alle erdenklichen Köstlichkeiten, ob in ihrem ursprünglichsten Rohzustand oder in ihrer feinsten handwerklichen Vollendung. Vom Garten bis zur Zubereitung wecken sie Kindheitserinnerungen: Wie man einst von den Schultern der Eltern aus Kirschen pflückte, Himbeeren direkt von der Hand in den Mund oder verarbeitet zu sonntäglichen Törtchen genoss und dabei den Geschmack der Früchte auf spontanste Art und Weise entdeckte. Ebenso selbstverständlich war der Wunsch, diesen »Königen der Patisserie« ein Buch zu widmen.

# ROTE FRÜCHTE
# RICHTIG VERWERTEN

Den ganzen Sommer lang erfreuen rote Früchte unseren Gaumen mit ihrem köstlichen süßen und mehr oder weniger säuerlichen Geschmack. Von leuchtend roten bis hin zu himbeerroten Früchten, vom tiefdunklen, fast schwarzen Rot der Johannisbeeren oder Schwarzkirschen bis hin zum samtigen Blaurot der Heidelbeeren lassen sich aus roten Früchten farbenfrohe und zudem überaus vitaminreiche Desserts zubereiten. Denn die kleinen, zarten Früchte stecken voller Vitamine und Antioxidantien, wie ihre schönen Farben in allen Rotschattierungen belegen. Gesunde Nahrungsmittel, auf die man keinesfalls verzichten sollte!

## DIE SAISON
## DER ROTEN FRÜCHTE

Die Saison dieser Früchte reicht von Mai bis Ende September. Während Kirschen, Heidelbeeren, Schwarze und Rote Johannisbeeren, Brombeeren und Cranberrys nur eine einzige Reifezeit haben, gibt es Erdbeer- und Himbeersorten, die uns auch noch nach Sommerende mit ihrem süßen Geschmack verwöhnen. Im Folgenden erhalten Sie einige allgemeine Hinweise, wobei es einige regionale Unterschiede gibt:

ERDBEERE: Die erste rote Frucht des Jahres ist in unseren Gärten von Anfang Juni (Ende Mai für die frühreifsten Sorten) bis in den Oktober hinein zu finden. Letzteres trifft vor allem für die zweimal blühenden Sorten zu. Die Walderdbeere reift zwar erst etwas später (im Juli), sie lässt sich jedoch auch noch im Herbst im Wald pflücken.

HIMBEERE UND BROMBEERE: Himbeeren zieren die Sträucher der Gärten von Juni bis September. Brombeeren erscheinen etwas später, im Juli, und sind in manchen Gegenden ebenfalls bis Ende September zu finden. Häufig wachsen sie auch am Wegesrand.

SCHWARZE JOHANNISBEERE: Ihre Erntezeit ist am kürzesten und beschränkt sich auf Juli und August.

HEIDELBEEREN: Diese Frucht aus den Bergen ist im Juli, August und September reif.

Hummeln gehören zu den effizientesten Bestäuberinsekten: Sie besuchen mehr Blüten als Bienen, können schwerer tragen und lassen sich auch von niedrigeren Temperaturen (um die 10 °C) nicht abschrecken.

ROTE JOHANNISBEERE: Ihre leuchtend roten Rispen zeigen sich von Mitte Juni bis August an den Sträuchern.

CRANBERRY: Die Beere stammt aus Nordamerika und wächst eher in kühleren Regionen. In Deutschland wird sie seltener angebaut. Die Ernte findet im September und Oktober statt. Eine enge Verwandte ist die Preiselbeere.

KIRSCHE: Ihre recht kurze Saison dauert von Anfang Juni (Ende Mai für die frühreifen Sorten und in südlicheren Regionen) bis August. Kirschen lassen sich also nur im Sommer genießen.

## ROTE FRÜCHTE ANBAUEN

Die meisten roten Früchte kann man fast den ganzen Sommer über von Sträuchern ernten, die in der freien Natur wild wachsen. Sie können sie jedoch auch im Garten anbauen.

Wer keine Möglichkeit hat, wild wachsende rote Früchte zu pflücken, und keinen eigenen Garten

besitzt, kann Erdbeeren oder Himbeeren auch ganz einfach auf dem Balkon anbauen, selbst mitten in der Stadt. Nicht selten werden Beeren auch im Treibhaus gezogen, wo sie optimale Bedingungen vorfinden – Wärme am Tag, kühle Temperaturen in der Nacht – und vor Unwettern geschützt sind.

## FRÜCHTE AUSWÄHLEN

Egal, ob sie roh oder gegart verzehrt werden sollen, stets ist es wichtig, die Früchte sorgfältig auszuwählen.

Zwar gibt es verschiedene Sorten von **Erdbeeren**, in der französischen Patisserie werden jedoch einige bevorzugt: Die Sorten ‚Gariguette' und ‚Clery' wegen ihres säuerlichen Geschmacks und ihrer konischen Form, ‚Charlotte', ‚Cirafine de Plougastel', ‚Mara des Bois', ‚Senga Sengana' und die runde, süße ‚Mariguette' wegen ihres feinen Geschmacks und der guten Haltbarkeit. Sie bleiben auch nach der Ernte noch lange frisch.

**Walderdbeeren**, eine Wildform, die schwieriger zu finden ist, haben ein besonders feines Aroma. Ihre Beliebtheit verdankt die Erdbeere ihren vielfältigen Aromen – von der zarten Säure in einem

Fraisier (Erdbeertorte) bis hin zur sanften Süße in einer Konfitüre, vom unverfälschten Geschmack in einem Obstsalat bis hin zur ausgefeilten Raffinesse in einer Pavlova oder einer Charlotte.

Von der ‚Tulameen' bis zur zweimal blühenden Sorte ‚Paris' sind die aromatischen **Himbeeren** aus der Patisserie nicht wegzudenken – ob frisch oder verarbeitet, z. B. zu einem Coulis (Fruchtpüree oder -sauce). Die Himbeere steht der Erdbeere in nichts nach, auch sie bereichert Klassiker der Patisserie wie etwa Tartes, Saint-Honoré-Torten oder Millefeuilles. Ihr Geschmack passt perfekt zu unzähligen Aromen wie etwa Schokolade, Anis, Limette oder Zitronenverbene.

Die säuerlich saftigen **Brombeeren** schmecken köstlich als Konfitüre oder als Gelee, je nachdem, ob mit Kernen oder ohne die kleinen Kerne. Ihr Geschmack harmoniert bestens mit anderen roten Früchten, Erdbeersaft oder Johannisbeeren. Ebenfalls hervorragend eignen sich Brombeeren für einen Crumble, in dem ihre Säure durch eine leichte Mandelcreme ausgeglichen wird.

Die wilden **Heidelbeeren** mit ihrem intensiven Aroma werden meist im gegarten Zustand ver-

zehrt, um ein Erkrankungsrisiko (z.B. Fuchsbandwurm) auszuschließen. Kulturheidelbeeren werden in der Patisserie gerne wegen ihres feinen Aromas und ihrer herrlichen blauen Farbe verwendet, etwa in der berühmten Heidelbeertarte.

In Gelees kommt die säuerliche Frische von **Roten Johannisbeeren** besonders gut zur Geltung. Ansonsten werden sie eher roh verwendet, oftmals auch in Form von ganzen Rispen, die als Garnitur dienen, etwa auf einem Beeren-Tiramisu.

Das süßsaure Aroma der **Schwarzen Johannisbeeren** eignet sich für Säfte oder Pürees, die bei der Herstellung von Flans, Cheesecakes oder Macarons verwendet werden. Mit ihrer schönen violetten Farbe bieten sie sich für elegante Glasuren oder als Dekoration an.

Die säuerlicheren **Cranberrys** kennt man meist in Form von Saft oder getrockneten Früchten, deren gesundheitsfördernde Eigenschaft schon lange kein Geheimnis mehr ist. Die saftigen Beeren verleihen Muffins und Cookies einen unvergleichlichen Geschmack. Sie bieten sich aber auch für Mischungen mit anderen Trockenfrüchten an, für Mendiants (Schoko-Taler) oder einen Cranberry-Pistazien-Kuchen.

**Kirschen** gibt es in zahlreichen Sorten und Varianten – von leuchtend rot über gelb bis schwarz, weich oder fest, klein oder groß. In der Patisserie verwendet man bevorzugt die herrlich rote Sorte ‚Burlat', die Sauerkirsche mit ihrem kräftigen Geschmack oder die süße, saftige Ochsen- oder Taubenherzkirsche. Kirschen lassen sich nicht lange aufbewahren. Sie lassen sich roh oder gegart verwenden, etwa in einem Clafoutis (Auflauf) oder in einer Suppe.

## PRAKTISCHE TIPPS

Zum **Kochen**, etwa von Konfitüre, verwendet man am besten keine zu reifen Früchte, da sie zu viel Zucker enthalten. Setzen Sie lieber auf frische und lassen Sie die Früchte nicht zu lange garen.

Um das ganze Jahr in den Genuss von roten Früchten zu kommen, können Sie frische Früchte zur **Haltbarmachung** einfrieren. Eine Ausnahme ist die Erdbeere, da sie sehr viel Wasser enthält und nach dem Auftauen unansehnlich wird. Man kann sie jedoch zu Saft oder einem Coulis (Fruchtpüree oder -sauce) verarbeiten und dann einfrie

ren. Erdbeeren lassen sich auch pürieren und z.B. für die Zubereitung von Eis verwenden. Das gilt auch für alle anderen roten Früchte.

Außerhalb der Saison sind tiefgekühlte Früchte in der Patisserie unverzichtbare Zutaten, vorausgesetzt, die passende Auftauzeit wird berücksichtigt. Wer frische Früchte verwendet, sollte darauf achten, sie möglichst bald nach der Ernte zu verarbeiten. Denn frisch lassen sie sich nicht sehr lange aufbewahren. Waschen Sie sie nur kurz unter fließendem Wasser oder tupfen Sie sie mit Küchenpapier ab, damit sie nicht an Geschmack verlieren. In zahlreichen Rezepten dieses Buches dienen frische Früchte vor allem zur Dekoration. Für die Zubereitung verwendet man vorzugsweise Früchte in Form von Kompott oder Püree. Denn so behalten sie ihr Aroma und lassen sich nach dem Entfernen der Kerne auch leichter verarbeiten. Im Handel (vorzugsweise im Bioladen) erhältlich sind Pürees, die zu 100 Prozent aus Früchten bestehen. Sie lassen sich jedoch auch relativ einfach selbst herstellen. Achten Sie jedoch darauf, hierfür nur reife, hochwertige und saisonale Früchte zu verwenden.

ERDBEEREN
— UND —
WALD-
ERDBEEREN

# ERDBEER-TARTE

FÜR 6 PERSONEN
ZUBEREITUNG: 40 MIN.
KÜHLZEIT: 2–3 STD.
GARZEIT: 40 MIN.

## FÜR DEN MÜRBETEIG

120 g Butter und etwas Butter für die Form
75 g Puderzucker
25 g gemahlene Mandeln
1 Prise Fleur de Sel
2 g Vanillepulver
2 Eier (Größe S)
200 g Mehl (Type 550)
ggf. getrocknete Hülsenfrüchte zum Blindbacken

## FÜR DIE MANDEL-PISTAZIEN-CREME

70 g Butter
80 g Puderzucker
5 g Maisstärke
80 g gemahlene Mandeln
1 Ei (Größe M)
1 Verschlusskappe brauner Rum
15 g Pistazienpaste (Bioladen oder Feinkostgeschäft)

## FÜR DIE ERDBEERGLASUR

100 g Erdbeerpüree
300 g neutrale Glasur
60 g Glucosesirup
75 ml Wasser

## ZUM GARNIEREN UND ANRICHTEN

ca. 15 Erdbeeren
einige grob gehackte Pistazien

## MÜRBETEIG

Alle Zutaten, mit Ausnahme der Butter, sehr kalt verarbeiten.
Butter in einer Schüssel weich kneten. Nacheinander Puderzucker, gemahlene Mandeln, Fleur de Sel, Vanillepulver, Eier und Mehl untermengen. Dabei den Teig nicht zu stark kneten, damit er schön sandig bleibt. Mit Frischhaltefolie abdecken und 1 bis 2 Stunden kühl stellen.

## MANDEL-PISTAZIEN-CREME

Butter in Flöckchen in eine Küchenmaschine mit Rührblatt oder in einen Standmixer geben. Puderzucker, Stärke und gemahlene Mandeln in eine Schüssel sieben und zur Butter geben. Unter Rühren Ei, Rum und Pistazienpaste zugeben und alles zu einer homogenen Creme verrühren.

## ERDBEERGLASUR

In einem Topf Erdbeerpüree, neutrale Glasur, Glucosesirup und Wasser unter Rühren zum Kochen bringen. Vom Herd nehmen und vollständig abkühlen lassen.

## GARNIEREN UND ANRICHTEN

Teig ca. 2,5 Millimeter dick ausrollen, eine gefettete Springform (26 Zentimeter Durchmesser) damit auslegen und einen Rand hochziehen. Etwa 1 Stunde kühl stellen.
Backofen auf 180 °C vorheizen. Teigboden mit Backpapier belegen und mit Backperlen oder getrockneten Hülsenfrüchten beschweren. Im vorgeheizten Backofen 10 bis 15 Minuten backen. Hülsenfrüchte oder Backperlen und Backpapier entfernen und Mandel-Pistazien-Creme auf dem Tarteboden verstreichen. Tarteboden in weiteren etwa 20 Minuten goldbraun backen.
Herausnehmen, abkühlen lassen und mithilfe einer Palette mit etwas Erdbeerglasur bestreichen. Erdbeeren waschen, verlesen, trocken tupfen, von den Stielansätzen befreien und der Länge nach halbieren. Kreisförmig von außen nach innen auf die Tarte setzen. Restliche Erdbeerglasur unter Rühren erhitzen, bis sie wieder flüssig wird, und Erdbeerhälften mit der Glasur bestreichen. Mit gehackten Pistazien garniert servieren.

# ERDBEER-
# SAFT

FÜR 500 MILLILITER
ZUBEREITUNG: 15 MIN.
GARZEIT: 1 STD.

1 kg Erdbeeren (z. B. Gariguette)
100 g feiner Zucker
20 ml Limettensaft

Erdbeeren waschen, verlesen, trocken tupfen und von den Stielansätzen befreien. In einer hitzebeständigen Schüssel mit dem Zucker vermischen. Schüssel mit Frischhaltefolie bedecken und etwa 1 Stunde bei mittlerer Hitze in einem Wasserbad erhitzen.

Erdbeeren in ein feinmaschiges Sieb geben, abtropfen lassen, aber nicht pressen, und Saft auffangen.

Erdbeersaft abkühlen lassen und Limettensaft unterrühren. Saft kühl stellen und eiskalt servieren oder für andere Zubereitungen verwenden.

# ERDBEER-KUCHEN

FÜR 3 KUCHEN
ZUBEREITUNG: 30 MIN.
ZIEHZEIT: 30 MIN.
GARZEIT: 50 MIN.
RUHEZEIT: 10 MIN.

## FÜR DEN TEIG

32 ml Milch
2 Tahiti-Vanilleschoten
215 g gemahlene Mandeln
180 g Puderzucker
102 g Mehl
210 g Butter
16 g Vanillearoma
3 g Vanillepulver
4 Eier (Größe M) und 1 Ei (Größe S)
290 g kandierte Erdbeeren
50 g Zucker

## ZUM BACKEN

100 g Butter
30 g Mehl

## TEIG

Milch in einem Topf auf ca. 30 °C erhitzen (mit einem Küchenthermometer kontrollieren). Aufgeschnittene Vanilleschoten mit dem herausgekratzten Mark unterrühren und mindestens 30 Minuten ziehen lassen.

Gemahlene Mandeln und Puderzucker in eine Schüssel sieben, Mehl in eine separate Schüssel sieben. In einer Küchenmaschine mit Rührblatt oder mit einem Handrührgerät Butter in Flöckchen, Puderzucker, gemahlene Mandeln, Vanillearoma und -pulver cremig rühren.

Vanilleschoten mit einer Gabel aus der Vanillemilch nehmen. Eier (Größe M) trennen. Eigelbe und ganzes Ei zum Teig in der Rührschüssel geben und in der Küchenmaschine mit Schneebesen oder mit einem Handrührgerät in 2 Minuten schaumig rühren. Vanillemilch vorsichtig unterrühren und kandierte Erdbeeren zugeben.

Eiweiße mit einem Rührgerät auf Stufe 2 steif schlagen, dabei nach und nach Zucker unterrühren. Eischnee vorsichtig unter die restliche Teigmischung heben, Mehl zugeben und ebenfalls untermischen.

## BACKEN

Butter in einer Küchenmaschine mit Rührblatt oder mit einem Handrührgerät weich kneten oder in der Mikrowelle erwärmen. Mehl unterrühren. Drei Kastenformen damit ausstreichen, Teig hineingeben und glatt streichen.

Backofen auf 180 °C (Heißluft) vorheizen und Ofentemperatur auf 160 °C (Umluft) reduzieren. Kuchen im vorgeheizten Backofen etwa 50 Minuten backen, dabei nach etwa 30 Minuten die Backformen drehen, damit der Teig gleichmäßig goldbraun wird. Für die Garprobe den Kuchen mit einem Holzstäbchen einstechen.

Kuchen aus dem Ofen nehmen und etwa 10 Minuten in der Form abkühlen lassen. Aus der Form lösen und auf einem Kuchengitter vollständig abkühlen lassen.

# ERDBEER-CHARLOTTE

FÜR 6 PERSONEN
ZUBEREITUNG: 50 MIN.
GEFRIERZEIT: 1 STD.
GARZEIT: 5 MIN.

## FÜR DAS ERDBEER-COULIS
165 g Erdbeeren (z. B. Senga Sengana)
80 g Erdbeerpüree
25 g Zucker, 15 g Invertzucker
5 g Pektin NH (Patisserie-Bedarf)

## FÜR DEN BISKUIT
4 Eigelb und 5 Eiweiß (Größe M)
90 g Zucker, 45 g Mehl
45 g Kartoffelstärke
etwas Puderzucker zum Bestäuben

## FÜR DIE ERDBEER-BAVAROISE
80 ml Milch, 3 Eigelb (Größe M)
60 g Zucker
4 g Gelatinepulver 200 Bloom (Patisserie-Bedarf)
24 ml Wasser
160 g Erdbeerpüree (z. B. Senga Sengana)
120 g sehr kalte Sahne

## ZUM GARNIEREN UND ANRICHTEN
500 g Erdbeeren (z. B. Senga Sengana)

## ERDBEER-COULIS
Erdbeeren waschen, verlesen, von den Stielansätzen befreien und in einer Schüssel mit einer Gabel zerdrücken. Erdbeerpüree mit der Hälfte des Zuckers und dem Invertzucker in einem Topf verrühren und auf 40 °C erwärmen (mit einem Küchenthermometer kontrollieren). Restlichen Zucker und Pektin in einer Schüssel mischen und zugeben. Unter Rühren zum Kochen bringen, Erdbeeren zugeben und alles nochmals unter Rühren aufkochen lassen. Für die Gelierprobe einige Tropfen Coulis auf ein beschichtetes Backblech geben. Laufen sie auseinander, noch einige Minuten weiterköcheln. Coulis in einem Kreis von 10 Zentimeter Durchmesser und mindestens 4 Zentimeter Höhe auf das Backblech geben. Sofort etwa 1 Stunde ins Gefrierfach stellen.

## BISKUIT
Eigelbe und Hälfte des Zuckers in einer Küchenmaschine mit Schneebesen oder mit einem Handrührgerät zu einer glatten Masse verrühren, die wie ein Band vom Schneebesen herabläuft. Eiweiße steif schlagen, dabei nach und nach restlichen Zucker zugeben. Mehl und Stärke in eine Schüssel sieben und mischen. Mit einem Teigspatel Eigelbe vorsichtig mit dem Eischnee und den gesiebten trockenen Zutaten mischen. Backofen auf 220 °C vorheizen. Biskuitmasse in einen Spritzbeutel mit Tülle Nr. 12 füllen und ca. 15 Löffelbiskuits von 12 Zentimeter Länge auf ein mit Backpapier belegtes Backblech spritzen. Großzügig mit Puderzucker bestäuben. Für den Charlotte-Boden mit der restlichen Biskuitmasse einen Kreis mit 13 Zentimeter Durchmesser auf das Backblech spritzen. Löffelbiskuits und Biskuitboden 5 bis 6 Minuten im vorgeheizten Backofen backen. Herausnehmen und auf einem Kuchengitter abkühlen lassen.

## ERDBEER-BAVAROISE
Milch in einem Topf unter Rühren zum Kochen bringen. Eigelbe und Zucker zufügen und alles mit dem Schneebesen verrühren. Unter kräftigem Rühren auf 85 °C erhitzen (mit einem Küchenthermometer kontrollieren) und in eine hitzebeständige Schüssel abseihen. Gelatinepulver in einer Schüssel im Wasser auflösen. Gelatinemasse und Erdbeerpüree zur Milchmischung geben und mit einem Stabmixer glatt rühren. Auf 30 °C abkühlen lassen. Sahne steif schlagen und vorsichtig unterheben.

## GARNIEREN UND ANRICHTEN
Eine Charlotte-Form oder einen kleinen Topf mit Frischhaltefolie auslegen. Den Rand mit Löffelbiskuits auslegen. Boden der Form mit der Hälfte der Erdbeer-Bavaroise füllen und gefrorenes Erdbeer-Coulis drauflegen. Die Form mit der restlichen Erdbeer-Bavaroise füllen. Löffelbiskuitboden drauflegen. Charlotte ins Gefrierfach stellen, bis sie ausreichend fest ist. Charlotte stürzen, aus der Form lösen und Frischhaltefolie entfernen. Erdbeeren waschen und trocken tupfen. Hälfte der Erdbeeren halbieren. Charlotte vor dem Servieren mit ganzen und halbierten Erdbeeren dekorieren.

# TOMATEN-ERDBEER-SALAT MIT ERDBEER-LIMETTEN-SAUCE

FÜR 4 PERSONEN
ZUBEREITUNG: 20 MIN.

400 g Erdbeeren
Saft von 1 Limette
2 Tomaten
20 Kirschtomaten
1 Kugel Büffelmozzarella
1 Handvoll Rucola
einige Blätter Basilikum
etwas mit kandierten Zitronen aromatisiertes
Olivenöl (Feinkostladen)
etwas Brombeeressig (siehe Rezept auf S. 120)
oder Sherry-Essig
1 Prise Pfeffer aus der Mühle

Erdbeeren waschen, verlesen, trocken tupfen und von den Stielansätzen befreien.
Hälfte der Erdbeeren mit Limettensaft in einem Standmixer pürieren. Erdbeerpüree kühl stellen. Restliche Erdbeeren vierteln. Tomaten und Kirschtomaten waschen und trocken tupfen. Stielansätze entfernen. Tomaten in Spalten oder Scheiben schneiden, Kirschtomaten halbieren. Tomaten, Kirschtomaten und Erdbeeren auf Teller verteilen. Mozzarella würfeln oder in Scheiben schneiden und zufügen. Rucola waschen und trocken schütteln. Rucola und Basilikum auf dem Tomaten-Erdbeer-Salat verteilen und Erdbeer-Limetten-Sauce darübergeben.
Mit aromatisiertem Olivenöl und Essig beträufeln und mit Pfeffer bestreut servieren.

# ERDBEER-RHABARBER-TARTE

## FÜR 6 PERSONEN
ZUBEREITUNG:
10 MIN. AM VORTAG
40 MIN. AM SERVIERTAG
ZIEHZEIT: 8 STD.
RUHEZEIT: 30 MIN.
KÜHLZEIT: 14 STD.
GARZEIT: 50 MIN.

### FÜR DEN RHABARBER
AM VORTAG ZUBEREITEN
500 g frischer Rhabarber
50 g Zucker

### FÜR DEN CLAFOUTIS-TEIG
AM VORTAG ZUBEREITEN
45 g Butter, 2 Eier (Größe S)
175 g Zucker, 105 ml Milch
105 g Sahne
65 g gemahlene Mandeln

### FÜR DEN MÜRBETEIG
190 g Butter und etwas Butter für die Form
4 g Zucker, ½ Eigelb (Größe M)
50 ml Milch, 5 g feines Salz
250 g Mehl (Type 550)
ggf. getrocknete Hülsenfrüchte zum Blindbacken

### ZUM GARNIEREN UND ANRICHTEN
200 g Erdbeeren (z. B. Mara des Bois)

### RHABARBER
Rhabarber schälen und in 2 Zentimeter lange Stücke schneiden. In eine Schüssel geben und Zucker darübergeben. Mit Frischhaltefolie bedeckt mindestens 8 Stunden im Kühlschrank durchziehen lassen.

Am nächsten Tag Rhabarber in einem Sieb 30 Minuten abtropfen lassen.

### CLAFOUTIS-TEIG
Butter in einem Topf zerlassen und vorsichtig erhitzen, bis sie nussbraun ist (Vorsicht: nicht anbrennen lassen!). Abkühlen lassen und durch ein feines Sieb in eine Schüssel abseihen.
Eier und Zucker in einer Schüssel schaumig schlagen, Milch, Sahne, gemahlene Mandeln sowie braune Butter zugeben und alles mit einem Stabmixer glatt rühren. Mit Frischhaltefolie bedeckt über Nacht kühl stellen. (Der Teig lässt sich mindestens 3 Tage aufbewahren.)

### MÜRBETEIG
Butter mindestens 30 Minuten vor der Verarbeitung aus dem Kühlschrank nehmen. In einer Küchenmaschine mit Rührblatt oder mit einem Handrührgerät weich kneten. Zucker, Eigelb, Milch, Salz und Mehl nacheinander unter Rühren zugeben. Danach nur noch kurz mischen, sodass sich die Zutaten gerade so verbinden. Teig auf ein mit Backpapier belegtes Backblech geben, mit Frischhaltefolie luftdicht abdecken und 1 Stunde kühl stellen.
Teig 3 Millimeter dick ausrollen und mithilfe einer Springform und eines Messers einen Kreis von 24 Zentimeter Durchmesser ausschneiden. Weitere 30 Minuten kühl stellen. Springform (18 Zentimeter Durchmesser, 2 Zentimeter Höhe) fetten. Mit dem Teig auslegen und einen Rand hochziehen. Teig 1 Stunde kühl stellen.
Backofen auf 170 °C vorheizen. Tarteboden mit Backpapier belegen und mit Backperlen oder getrockneten Hülsenfrüchten zum Blindbacken beschweren. Etwa 25 Minuten im vorgeheizten Backofen backen. Herausnehmen, abkühlen lassen und Backperlen oder Hülsenfrüchte sowie Backpapier entfernen.

### GARNIEREN UND ANRICHTEN
Backofen auf 180 °C vorheizen. Erdbeeren waschen, verlesen, trocken tupfen, von den Stielansätzen befreien und würfeln. Tarteboden leicht kuppelförmig mit Rhabarber und Erdbeeren belegen. Bis zur Höhe des Tarterands mit Clafoutis-Teig füllen.
Im vorgeheizten Backofen 22 bis 25 Minuten backen. Sofort aus der Form lösen, abkühlen lassen und servieren.

# ERDBEER-KONFITÜRE

FÜR 5 GLÄSER
ZUBEREITUNG: 1 STD.
ZIEHZEIT: 12 STD.
(AM VORTAG BEGINNEN)
GARZEIT: 30 MIN.

1 kg Erdbeeren (z. B. Gariguette)
800 g Gelierzucker
Saft von 1 Zitrone

Erdbeeren waschen, verlesen, trocken tupfen, von den Stielansätzen befreien und in einer großen Schüssel mit dem Zucker vermischen. Über Nacht im Kühlschrank durchziehen lassen. Am nächsten Tag alles in einen großen Topf geben und unter Rühren bei geringer Hitze erwärmen. Aufkochen und unter Rühren etwa 15 Minuten köcheln lassen. Zitronensaft zugeben und unterrühren. (Vorsicht, beim Kochen der Konfitüre bildet sich viel Schaum.)
Konfitüre bis zum oberen Rand in sterilisierte Gläser füllen. Sofort mit Deckeln verschließen und Gläser auf den Kopf stellen, bis die Konfitüre vollständig abgekühlt ist. Gut gekühlt, ist die Erdbeerkonfitüre bis zu 1 Jahr haltbar.

# ERDBEER-SAHNE-TORTE

FÜR 6 PERSONEN
ZUBEREITUNG:
15 MIN. AM VORTAG
40 MIN. AM SERVIERTAG
KÜHLZEIT: 24 STD.
GARZEIT: 25 MIN.
GEFRIERZEIT: 1 STD.

## FÜR DIE ENGLISCHE VANILLECREME

48 STD. IM VORAUS ZUBEREITEN

2 Blatt Gelatine
1 Vanilleschote
290 g Sahne
3 Eigelb (Größe M)
50 g Zucker

## FÜR DIE MASCARPONE-VANILLE-CREME

375 g Englische Vanillecreme
250 g Mascarpone

## FÜR DIE MASCARPONE-CREME

110 g Mascarpone
20 g Puderzucker
90 g Sahne

## FÜR DEN KEKSBODEN

140 g Butterkekse (z. B. Petit Beurre)
70 g Butter und etwas Butter für die Form

## FÜR DEN BRANDTEIG-BISKUIT

5 Eier (Größe M)
50 ml Milch
30 g Butter
40 g Mehl
70 g Zucker

## FÜR DIE ERDBEERFÜLLUNG

380 g Erdbeerpüree
80 g Zucker
6 g Pektin NH (Patisserie-Bedarf)
10 ml Zitronensaft

## FÜR DIE ERDBEERGLASUR

50 g Erdbeerpüree
150 g neutrale Glasur
30 g Glucosesirup
37 ml Wasser

## ZUM GARNIEREN UND ANRICHTEN

500 g Erdbeeren (z. B. Mara des Bois)

## ENGLISCHE VANILLECREME

Gelatine in einer Schüssel mit Wasser einweichen. Aufgeschnittene Vanilleschote mit dem herausgekratzten Mark und Sahne in einen Topf geben. Unter Rühren zum Kochen bringen und Vanilleschote vorsichtig mit einer Gabel herausnehmen. Eigelbe und Zucker in einer hitzebeständigen Schüssel vermischen, aber nicht schaumig rühren, und heiße Vanillesahne unter Rühren zugeben. Mischung wieder in den Topf geben, Creme bei einer Temperatur von 82 bis 84 °C (mit einem Küchenthermometer kontrollieren) zur Rose abziehen und durch ein feinmaschiges Sieb in eine hitzebeständige Schüssel abseihen. Gelatine ausdrücken, zugeben, alles mit einem Stabmixer glatt rühren und 24 Stunden kühl stellen.

## MASCARPONE-VANILLE-CREME

Englische Vanillecreme und Mascarpone in einer Küchenmaschine mit Schneebesen oder mit einem Handrührgerät einige Sekunden bei hoher Geschwindigkeit verrühren, Mischung mit einem Teigspatel vom Boden der Rührschüssel lösen und Creme locker und luftig aufschlagen.

## MASCARPONE-CREME

Kalten Mascarpone in einer Küchenmaschine mit Schneebesen oder mit einem Handrührgerät cremig rühren, gesiebten Puderzucker zufügen, nach und nach kalte Sahne zugießen und alles zu einer festen Creme aufschlagen. Kühl stellen.

## KEKSBODEN

Butterkekse in einem Standmixer zerkleinern. Butter in einer Schüssel weich kneten und mit Butterkekskrümeln vermischen. Springform mit Backpapier auslegen und Rand fetten. Masse in die Springform (20 Zentimeter Durchmesser) geben und gut andrücken. Kühl stellen.

## BRANDTEIG-BISKUIT

Backofen auf 170 °C vorheizen. Eier trennen. In einem Topf Milch und Butter unter Rühren zum Kochen bringen. Mehl sieben, auf einmal zugeben und kurz unterrühren. Mischung in einer Küchenmaschine mit Rührblatt oder mit einem Handrührgerät glatt rühren, 4 Eigelbe einzeln zugeben und unterrühren (restliches Eigelb anderweitig verwenden). Eiweiße halbsteif schlagen, Zucker zugeben und Eiweiße steif schlagen. Erst etwas Eischnee unter den Teig rühren, dann vorsichtig restlichen Eischnee unterheben. Teig in einem Spritzbeutel mit Tülle Nr. 12 geben und auf ein mit Backpapier belegtes Backblech spiralförmig zwei Kreise mit 20 Zentimeter Durchmesser spritzen. Etwa 12 Minuten im vorgeheizten Backofen backen. Herausnehmen und auf einem Kuchengitter abkühlen lassen.

## ERDBEERFÜLLUNG

Erdbeerpüree in einem Topf auf 40 °C erhitzen (mit einem Küchenthermometer kontrollieren). Zucker und Pektin in einer Schüssel mischen, einrieseln lassen und alles unter Rühren zum Kochen bringen. Zitronensaft zugeben und alles gut verrühren. Abkühlen lassen, in ein luftdichtes Gefäß geben und kühl stellen.

## ERDBEERGLASUR

Erdbeerpüree, neutrale Glasur, Glucosesirup und Wasser in einem Topf unter Rühren zum Kochen bringen und vollständig abkühlen lassen.

## GARNIEREN UND ANRICHTEN

Erdbeeren waschen, verlesen und trocken tupfen. Einige Erdbeeren zum Garnieren beiseitestellen. Restliche Erdbeeren von den Stielansätzen befreien und in Streifen schneiden. Keksboden aus dem Kühlschrank nehmen und ca. 150 Gramm Mascarpone-Vanille-Creme auf dem Keksboden verteilen. Glatt streichen und einen Brandteig-Biskuit-Boden darauflegen. Eine Schicht (ca. 180 Gramm) Erdbeerfüllung darübergeben und glatt streichen. Mit in Scheiben geschnittenen Erdbeeren belegen und eine weitere Schicht Mascarpone-Vanille-Creme darübergeben. Vorgang mit dem zweiten Brandteig-Biskuit-Boden und der restlichen Erdbeerfüllung wiederholen. Glatt streichen und mindestens 1 Stunde ins Gefrierfach stellen, bis der Kuchen vollständig gefroren ist. Kuchen aus der Springform lösen und Ränder mit Mascarpone-Creme bestreichen. Mit einem Spritzbeutel mit Lochtülle den Tortenrand mit Tupfen aus Mascarpone-Creme garnieren und Torte einige Minuten ins Gefrierfach stellen. Erdbeerglasur in einem Topf erhitzen, obere Seite des Kuchens mithilfe einer Palette mit der Glasur bestreichen und mit beiseitegestellten Erdbeeren garniert servieren.

# THYMIAN-HIPPEN MIT ERDBEER-SORBET

FÜR 6 PERSONEN
ZUBEREITUNG: 15 MIN.
GARZEIT: 15 MIN.

## FÜR DIE THYMIAN-HIPPEN

100 g gehackte Mandeln
100 g Puderzucker
40 g Mehl
20 ml Zitronensaft und abgeriebene Schale von
½ unbehandelten Zitrone
3 g frischer Thymian, gehackt, und einige
Thymianstängel zum Garnieren
80 g Butter

## ZUM GARNIEREN UND ANRICHTEN

500 g Erdbeeren
6 Butterkekse (z. B. Palets bretons)
etwas Erdbeer-Sorbet

## THYMIAN-HIPPEN

Backofen auf 160 °C vorheizen.
Gehackte Mandeln, Puderzucker und Mehl in
einer Schüssel mischen. Zitronensaft und -schale
sowie Thymian zugeben. Butter in einem Topf
zerlassen, zugeben und alles gut verrühren.
Masse in sechs Kreisen mit etwas Abstand auf
ein mit einer Silikonbackmatte ausgelegtes Backblech geben, leicht flach drücken und in etwa
15 Minuten im vorgeheizten Backofen goldbraun
backen.
Herausnehmen und die noch warmen Gebäck-
stücke mit einem Spatel von der Backmatte lösen.
Über einen Teigroller oder eine Glasflasche legen,
leicht andrücken und so zu Hippen formen.

## GARNIEREN UND ANRICHTEN

Erdbeeren waschen, verlesen, trocken tupfen und
Stielansätze entfernen. Vierteln, auf Teller verteilen und je 1 grob zerbröselten Butterkeks darübergeben.
Je 1 Thymianhippe auf jedem Teller anrichten, je
eine Nocke Erdbeer-Sorbet in die Mitte der Hippen setzen und sofort mit gewaschenen, trocken
geschüttelten Thymianstängeln garniert servieren.

# ZITRONEN-ERDBEER-MACARON-TORTE

FÜR 6 PERSONEN
ZUBEREITUNG:
20 MIN. AM VORTAG
40 MIN. AM SERVIERTAG
RUHEZEIT: 2 STD.
GARZEIT: 30 MIN.
ZIEHZEIT: 20 MIN.
KÜHLZEIT: 26 STD.

## FÜR DIE ZITRONEN-MINZE-CREME
24 STD. IM VORAUS ZUBEREITEN

108 ml Zitronensaft und 1 unbehandelte Zitrone
8 frische Minzeblätter
160 g Zucker
nach Belieben 1 Tropfen Minzöl (Apotheke)
2 Eier (Größe S)
200 g Butter

## FÜR DEN MACARON-BISKUIT

200 g gemahlene Mandeln
200 g Puderzucker
5 Eiweiß (Größe L)
einige Tropfen pistaziengrüne Lebensmittelfarbe
einige Tropfen zitronengelbe Lebensmittelfarbe
200 g Zucker
60 ml Wasser

## ZUM GARNIEREN UND ANRICHTEN

500 g Erdbeeren (z. B. Plougastel)
etwas Puderzucker zum Bestäuben

## ZITRONEN-MINZE-CREME

Zitronensaft in einem kleinen Topf aufkochen lassen, Minze unterrühren, Topf vom Herd nehmen und Mischung etwa 20 Minuten ziehen lassen. Mit einem Stabmixer glatt pürieren.

Zitronenschale abreiben. Zucker, Zitronenabrieb und nach Belieben Minzöl in eine Schüssel geben und mit den Händen verreiben. Eier und aromatisierten Zitronensaft zugeben. Mischung in einem Wasserbad unter gelegentlichem Rühren auf 83 bis 84 °C erhitzen (mit einem Küchenthermometer kontrollieren). In eine hitzebeständige Schüssel abseihen und auf 60 °C abkühlen lassen. Butter zugeben und mit einem Schneebesen glatt rühren. Mischung 10 Minuten in einem Standmixer glatt rühren, bis sie eine cremige Konsistenz errreicht hat. Mit Frischhaltefolie luftdicht abdecken und bis zur Verwendung 24 Stunden kühl stellen.

## MACARON-BISKUIT

Gemahlene Mandeln und Puderzucker in einer Schüssel mischen und Hälfte der Eiweiße sowie grüne und gelbe Lebensmittelfarbe unterrühren. Zucker und Wasser in einem Topf verrühren und auf 121 °C erhitzen. Hat der Zuckersirup eine Temperatur von 115 °C erreicht, restliche Eiweiße in einer Küchenmaschine oder mit einem Handrührgerät steif schlagen. Heißen Zuckersirup unter Rühren auf Stufe 2 langsam zum Eischnee geben. 2 Minuten auf höchster Stufe rühren, bis die Mischung eine Temperatur von 50 °C erreicht hat, und bei mittlerer Geschwindigkeit bis zum vollständigen Abkühlen weiterrühren.

Eiweißmischung nach und nach zur Mandelmischung geben und unterheben. Dabei darauf achten, dass die Masse nicht zusammenfällt. Masse in einen Spritzbeutel mit Tülle Nr. 12 füllen und auf ein mit Backpapier belegtes Backblech spiralförmig zwei Kreise mit 20 Zentimeter Durchmesser spritzen, dabei in der Mitte beginnen. Macaron-Schalen etwa 1 Stunde trocknen lassen, sodass sich eine leichte Kruste bildet. Backofen auf 170 °C vorheizen und Macaron-Schalen im vorgeheizten Backofen etwa 20 Minuten backen. Herausnehmen und auf einem Kuchengitter abkühlen lassen.

## GARNIEREN UND ANRICHTEN

Eine Macaron-Schale mit der Unterseite nach oben auf einen Teller legen.

Etwas Zitronen-Minze-Creme in einen Spritzbeutel mit Tülle Nr. 10 füllen und in einer Spirale auf die Macaron-Schale aufspritzen, dabei in der Mitte beginnen und einen 1 Zentimeter breiten Rand frei lassen.

Erdbeeren waschen, verlesen, trocken tupfen und von den Stielansätzen befreien. Einige Erdbeeren zum Garnieren beiseitestellen, restliche Erdbeeren längs halbieren und mit der Schnittfläche nach oben rundherum auf den Rand der Macaron-Schale setzen. Restliche Zitronen-Minze-Creme spiralförmig aufspritzen, dabei auch die Erdbeerhälften mit etwas Creme bedecken. Zweite Macaron-Schale wie einen Deckel daraufsetzen und mithilfe einer Schablone streifenförmig mit Puderzucker bestäuben.

Bis zum Servieren mindestens 2 Stunden kühl stellen und mit beiseitegestellten Erdbeeren garniert servieren.

# JAPANISCHE BISKUIT-ROLLE

FÜR 8 PERSONEN
ZUBEREITUNG: 55 MIN.
GARZEIT: 20 MIN.

## FÜR DIE VANILLE-MASCARPONE-CREME

180 g Sahne
½ Vanilleschote
220 g Mascarpone
40 g Puderzucker

## FÜR DEN BRANDTEIG-BISKUIT

5 Eier (Größe M)
50 ml Milch
30 g Butter
40 g Mehl, gesiebt
70 g Zucker

## ZUM GARNIEREN UND ANRICHTEN

200 g Erdbeeren (z. B. Gariguette)

## VANILLE-MASCARPONE-CREME

Hälfte der Sahne in einem Topf mit aufgeschnittener Vanilleschote und herausgekratztem Mark unter Rühren erwärmen. Vanilleschote vorsichtig mit einer Gabel herausnehmen. Vollständig abkühlen lassen und kühl stellen. Kalten Mascarpone in einer Küchenmaschine mit Schneebesen oder mit einem Handrührgerät cremig rühren, gesiebten Puderzucker zufügen, nach und nach restliche kalte Sahne und Vanille-Sahne-Mischung zugießen. Alles zu einer festen Creme aufschlagen. Kühl stellen.

## BRANDTEIG-BISKUIT

Backofen auf 170 °C vorheizen. Eier trennen. Milch und Butter in einem Topf unter Rühren zum Kochen bringen, Mehl auf einmal zugeben und kurz unterrühren. Mischung in einer Küchenmaschine mit Rührblatt oder mit einem Handrührgerät glatt rühren, 4 Eigelbe einzeln zugeben und unterrühren (restliches Eigelb anderweitig verwenden).
Eiweiße halbsteif schlagen, Zucker zugeben und Eiweiße steif schlagen. Erst etwas Eischnee unter den Teig rühren, dann restlichen Eischnee vorsichtig unterheben.
Teig auf einem 40 × 30 Zentimeter großen, mit Backpapier belegten Backblech verstreichen und etwa 12 Minuten im vorgeheizten Backofen backen. Herausnehmen und auf einem Kuchengitter abkühlen lassen.

## GARNIEREN UND ANRICHTEN

Erdbeeren waschen, verlesen, trocken tupfen, von den Stielansätzen befreien und längs in 5 Millimeter dicke Scheiben schneiden.
250 Gramm Vanille-Mascarpone-Creme mit einer Winkelpalette auf den Brandteig-Biskuit-Boden streichen. Biskuitboden mit Erdbeerscheiben belegen und der Länge nach aufrollen.
Biskuitrolle rundum mit Creme bestreichen. Restliche Creme in einen Spritzbeutel mit Lochtülle füllen und Biskuitrolle mit Creme verzieren. Noch am selben Tag servieren.

# ERDBEER-CREME-TARTE

**FÜR 6 PERSONEN**
ZUBEREITUNG: 1 STD. 15 MIN.
KÜHLZEIT: 2 STD.
GARZEIT: 30–40 MIN.

## FÜR DIE ERDBEER-CREME
2 Blatt Gelatine Gold
210 g Erdbeerpüree (z. B. Mara des Bois)
200 g Mascarpone
50 g Puderzucker
150 g Sahne

## FÜR DEN MÜRBETEIG
200 g Butter und etwas Butter für den Tortenring
170 g Zucker
4 Eigelb (Größe M)
250 g Mehl
3 g Salz
12 g Backpulver

## FÜR DIE ERDBEERFÜLLUNG
200 g Erdbeerpüree (z. B. Mara des Bois)
20 g Zucker
3 g Pektin NH (Patisserie-Bedarf)
3 ml Zitronensaft

## ZUM GARNIEREN UND ANRICHTEN
500 g Erdbeeren (z. B. Mara des Bois)

## ERDBEER-CREME
Gelatine 20 Minuten vor der Verwendung in einer Schüssel mit kaltem Wasser einweichen.
Gelatine herausnehmen, in einem Topf unter Rühren erwärmen und auflösen. Erdbeerpüree zufügen und vollständig abkühlen lassen.
Kalten Mascarpone in einer Küchenmaschine mit Schneebesen oder mit einem Handrührgerät verrühren, gesiebten Puderzucker zufügen, nach und nach kalte Sahne zugießen. Alles zu einer festen Creme aufschlagen. Erdbeerpüree unterheben. Kühl stellen.

## MÜRBETEIG
Butter in einer Küchenmaschine mit Rührblatt oder mit einem Handrührgerät weich kneten, Zucker, Eigelbe, Mehl, Salz und Backpulver zugeben und alles zu einem glatten Teig verrühren. Teig mit Frischhaltefolie abdecken und 1 bis 2 Stunden kühl stellen.
Backofen auf 180 °C vorheizen. Teig auf einem mit Backpapier belegten Backblech 1 Zentimeter dick ausrollen und mithilfe eines gefetteten Tortenrings mit 18 Zentimeter Durchmesser einen Tarteboden ausstechen. Tarteboden mitsamt dem Tortenring auf dem Backblech 20 bis 30 Minuten im vorgeheizten Backofen backen.
Herausnehmen, auf einem Kuchengitter abkühlen lassen und Tarteboden aus dem Tortenring lösen.

## ERDBEERFÜLLUNG
Erdbeerpüree in einem Topf unter Rühren auf 40 °C erhitzen (mit einem Küchenthermometer kontrollieren). Zucker und Pektin mischen, zugeben und alles unter Rühren zum Kochen bringen. Zitronensaft zugeben und unterrühren.
Füllung abkühlen lassen, in ein luftdichtes Gefäß geben und kühl stellen.

## GARNIEREN UND ANRICHTEN
Erdbeeren waschen, verlesen, trocken tupfen, von den Stielansätzen befreien und längs halbieren. Erdbeerfüllung auf dem Mürbeteigboden verstreichen.
Erdbeer-Creme in einen Spritzbeutel mit Lochtülle Nr. 20 füllen. Oberseite der Tarte mit großen Tupfen aus Erdbeer-Creme verzieren und Tarte mit halbierten Erdbeeren garniert servieren.

# ZITRONEN-GRANITA MIT ERD-BEERSAFT

FÜR 8 PERSONEN
ZUBEREITUNG: 30 MIN.
GEFRIERZEIT: 3 STD.

## FÜR DIE ZITRONEN-GRANITA
1,7 l stilles Mineralwasser (z. B. Volvic)
500 g Zucker
425 ml Zitronensaft mitsamt Fruchtfleisch und abgeriebene Schale von ½ unbehandelten Zitrone

## FÜR DEN ERDBEERSAFT
1 kg Erdbeeren (z. B. Gariguette)
100 g feiner Zucker
20 ml Limettensaft

## ZITRONEN-GRANITA
Mineralwasser, Zucker, Zitronensaft und -abrieb in einer Schüssel verrühren.
In ein flaches Gefäß geben und etwa 3 Stunden ins Gefrierfach stellen.
Die gefrorene Mischung dabei etwa stündlich mit einer Gabel zerkleinern und umrühren.

## ERDBEERSAFT
Erdbeeren waschen, verlesen, trocken tupfen und von den Stielansätzen befreien. In einer hitzebeständigen Schüssel mit dem Zucker vermischen, mit Frischhaltefolie abdecken und etwa 1 Stunde unter gelegentlichem Rühren bei mittlerer Hitze in einem Wasserbad erwärmen.
Erdbeeren in ein feinmaschiges Sieb geben, abtropfen lassen (nicht ausdrücken) und Saft auffangen.
Ist der Erdbeersaft abgekühlt, Limettensaft unterrühren.

## GARNIEREN UND ANRICHTEN
Acht Gläser großzügig mit Zitronen-Granita füllen und kalten Erdbeersaft darübergießen.
Zitronen-Granita jeweils mit einem Strohhalm und einem Löffel servieren.

# PISTAZIEN-ERDBEER-TORTE

FÜR 6 PERSONEN
ZUBEREITUNG: 1 STD. 20 MIN.
GARZEIT: 15 MIN.
KÜHLZEIT: 2 STD.

## FÜR DEN MANDEL-BISKUIT
95 g Puderzucker
95 g gemahlene Mandeln
5 Eiweiß (Größe M)
37 g feiner Zucker
etwas Butter für den Tortenring

## FÜR DEN KIRSCHSIRUP
75 g Zucker
150 ml Wasser
10 ml Kirschwasser

## FÜR DIE PISTAZIENCREME
130 g Butter
250 ml Milch
1 Madagaskar-Vanilleschote
2 Eigelb (Größe M)
63 g feiner Zucker
22 g Vanillepuddingpulver
15 g ungesüßte Pistazienpaste (Bioladen oder
Feinkostgeschäft)

## FÜR DIE FÜLLUNG
500 g Erdbeeren (z. B. Gariguette)

## FÜR DAS ITALIENISCHE BAISER
100 g feiner Zucker
30 ml Wasser
2 Eiweiß (Größe L)

## MANDEL-BISKUIT

Puderzucker und gemahlene Mandeln in eine Schüssel sieben.

Eiweiße und Zucker in einer Schüssel sehr steif schlagen und Puderzucker-Mandel-Mischung unterrühren.

Backofen auf 210 °C (Umluft) vorheizen. Einen gefetteten Tortenring mit 20 Zentimeter Durchmesser auf ein mit Backpapier belegtes Backblech setzen. 180 Gramm Biskuitmasse hineingeben und glatt streichen. Tortenring abnehmen und Vorgang für den zweiten Biskuitboden wiederholen.

Böden etwa 15 Minuten im vorgeheizten Backofen backen. Herausnehmen und auf einem Kuchengitter abkühlen lassen.

## KIRSCHSIRUP

Wasser und Zucker in einen Topf geben und unter Rühren zum Kochen bringen. Vom Herd nehmen und Kirschwasser unterrühren.

## PISTAZIENCREME

Butter einige Minuten vor der Zubereitung aus dem Kühlschrank nehmen, damit sie Zimmertemperatur annimmt. Milch und aufgeschnittene Vanilleschote mit dem herausgekratzten Mark in einem Topf unter Rühren zum Kochen bringen und Vanilleschote vorsichtig mit einer Gabel herausnehmen.

Eigelbe und Zucker in einer hitzebeständigen Schüssel schaumig schlagen und Puddingpulver unterrühren. Ein Drittel der heißen Vanillemilch zugießen und unterrühren. Mischung zur restlichen Vanillemilch geben und alles unter kräftigem Rühren mit dem Schneebesen zum Kochen bringen. Vom Herd nehmen und 10 Gramm Butter sowie Pistazienpaste zugeben. Creme glatt rühren und bei Raumtemperatur abkühlen lassen. Restliche Butter in einer Küchenmaschine mit Schneebesen oder mit einem Handrührgerät hell und schaumig rühren und in eine Schüssel geben. 400 Gramm Pistaziencreme aufschlagen. Schaumig gerührte Butter auf einmal zugeben und alles bei hoher Geschwindigkeit verrühren, bis eine glatte, feste und homogene Creme entstanden ist.

## FÜLLUNG

Erdbeeren waschen, verlesen, trocken tupfen, von den Stielansätzen befreien und längs halbieren. Einige Erdbeeren zum Garnieren beiseitestellen. Einen Tortenring mit 20 Zentimeter Durchmesser mit Tortenrandfolie auslegen, einen Mandel-Biskuitboden mit etwas Kirschsirup tränken und in den Tortenring legen. Einige Erdbeerhälften senkrecht stehend mit der Schnittfläche nach außen rundherum am Rand des Tortenrings verteilen. Biskuitboden mit restlichen Erdbeerhälften belegen.

Tortenring bis zur Höhe der Erdbeeren mit Pistaziencreme füllen. Zweiten Mandelbiskuitboden mit restlichem Kirschsirup tränken und daraufsetzen. Restliche Pistaziencreme daraufgeben und glatt streichen. Mindestens 2 Stunden kühl stellen.

## ITALIENISCHES BAISER

Zucker und Wasser in einem Topf verrühren und auf 121 °C erhitzen (mit einem Küchenthermometer kontrollieren). Sobald die Mischung eine Temperatur von 115 °C erreicht hat, Eiweiße steif schlagen.

Bei mittlerer Geschwindigkeit weiterrühren und heißen Zuckersirup in einem dünnen Strahl zugeben. Mit derselben Geschwindigkeit weiterrühren und abkühlen lassen. Baisermasse in einen Spritzbeutel mit Saint-Honoré-Tülle füllen.

## GARNIEREN UND ANRICHTEN

Torte aus dem Tortenring lösen und auf einen Kuchenteller setzen. Oberseite speichenradförmig mit der Baisermasse verzieren, dabei von außen nach innen arbeiten. Eine Baiser-Rosette in die Mitte setzen. Baisermasse mithilfe eines Flambierbrenners karamellisieren und mit beiseitegestellten Erdbeeren garniert servieren.

# WALD-ERDBEER-BASILIKUM-DESSERT MIT ZITRONEN-SCHAUM

FÜR 6 PERSONEN
ZUBEREITUNG: 40 MIN.
ZIEHZEIT: 20 MIN.
GARZEIT: 10 MIN.
KÜHLZEIT: 6 STD.

## FÜR DIE BASILIKUM-GANACHE
½ Bund Basilikum
300 g Sahne
200 g weiße Kuvertüre (z. B. Valrhona
Ivoire 35 %)

## FÜR DEN ZITRONENSCHAUM
2 ½ Blatt Gelatine Gold
125 ml Zitronensaft und fein abgeriebene
Schale von ½ unbehandelten Zitrone
125 ml Mineralwasser

## ZUM GARNIEREN UND ANRICHTEN
180 g Walderdbeeren
300 ml Erdbeersaft (siehe Rezept auf S. 19)

## BASILIKUM-GANACHE
Basilikum waschen, trocken schütteln und Blätter abzupfen. Einige Blätter zum Garnieren beiseitestellen. Sahne in einem Topf unter Rühren zum Kochen bringen.
Vom Herd nehmen und Basilikumblätter unterrühren. Zugedeckt 20 Minuten ziehen lassen. Mit einem Stabmixer glatt pürieren und nochmals unter Rühren zum Kochen bringen.
Kuvertüre in einem Wasserbad unter Rühren zum Schmelzen bringen. Heiße Sahne portionsweise zugeben und unterrühren.
Mischung mit einem Stabmixer zu einer glatten, homogenen Ganache verrühren.
Jedes Dessertglas mit 80 Gramm Ganache füllen und mindestens 6 Stunden im Kühlschrank fest werden lassen.

## ZITRONENSCHAUM
Gelatine 20 Minuten vor der Verwendung in einer Schüssel mit kaltem Wasser einweichen und ausdrücken.
Zitronensaft und -abrieb in einer hitzebeständigen Schüssel verrühren.
Mineralwasser in einem Topf auf 50 °C erhitzen (mit einem Küchenthermometer kontrollieren) und Gelatine unterrühren. Mischung zum Zitronensaft geben und alles mit einem Stabmixer glatt rühren.
In einen Sahnesiphon geben und drei Gaskartuschen einfüllen. Kräftig schütteln und bis zur Verwendung mindestens 5 Stunden kühl stellen.

## GARNIEREN UND ANRICHTEN
Walderdbeeren waschen, verlesen, trocken tupfen und von den Stielansätzen befreien. In jedes Dessertglas 30 Walderdbeeren geben und 50 Milliliter Erdbeersaft darübergeben. Gläser leicht auf die Arbeitsfläche klopfen, um die Oberfläche der Erdbeerschicht zu glätten.
Zitronenmischung mit dem Sahnesiphon darübergeben und mit beiseitegestellten Basilikumblättern garniert servieren.

# ERDBEER-MACARONS

FÜR CA. 75 MACARONS
ZUBEREITUNG: 1 STD.
ZIEHZEIT: 30 MIN.
GARZEIT: 20 MIN.
KÜHLZEIT: 12 STD.
RUHEZEIT: 1 STD.

## FÜR DIE VANILLE-GANACHE
AM VORTAG ZUBEREITEN

750 g Sahne
4 Tahiti-Vanilleschoten
750 g weiße Kuvertüre (z. B. Valrhona Ivoire)

## FÜR DEN HELLEN MACARON-BISKUIT

200 g gemahlene Mandeln
200 g Puderzucker
5 Eiweiß (Größe L)
200 g Zucker
60 ml Wasser

## FÜR DEN ROTEN MACARON-BISKUIT

200 g gemahlene Mandeln
200 g Puderzucker
einige Tropfen erdbeerrote Lebensmittelfarbe
5 Eiweiß (Größe L)
200 g Zucker
60 ml Wasser

## ZUM GARNIEREN UND ANRICHTEN

Erdbeerkonfitüre (siehe Rezept auf S. 28)

## VANILLE-GANACHE

Sahne und aufgeschnittene Vanilleschoten mit dem herausgekratzten Mark in einem Topf unter Rühren zum Kochen bringen. Herd ausschalten und Mischung zugedeckt 30 Minuten durchziehen lassen. Vanilleschoten vorsichtig mit einer Gabel herausnehmen. Nochmals unter Rühren zum Kochen bringen und Vanillesahne durch ein feines Sieb streichen.

Kuvertüre in einem Wasserbad unter Rühren zum Schmelzen bringen. Heiße Vanillesahne portionsweise zugeben und unterrühren. Mischung mit einem Stabmixer zu einer glatten, homogenen Ganache verarbeiten.
Ganache in ein flaches Gefäß füllen, mit Frischhaltefolie luftdicht abdecken und über Nacht kühl stellen.

## HELLER MACARON-BISKUIT

Gemahlene Mandeln und Puderzucker in einer Schüssel vermischen und Hälfte der Eiweiße mit einem Handrührgerät unterrühren.
Zucker und Wasser in einem Topf verrühren und auf 121 °C erhitzen (mit einem Küchenthermometer kontrollieren). Hat der Zuckersirup eine Temperatur von 115 °C erreicht, restliche Eiweiße halbsteif schlagen. In einer Küchenmaschine auf Stufe 2 oder mit einem Handrührgerät unter ständigem Rühren heißen Zuckersirup langsam zum Eischnee geben. Mit hoher Geschwindigkeit 2 Minuten verrühren, bis die Mischung auf 50 °C abgekühlt ist.
Nach und nach unter Rühren zur Mandel-Puderzucker-Mischung geben, dabei darauf achten, dass die Masse nicht zusammenfällt.
Backofen auf 170 °C vorheizen. Masse in einen Spritzbeutel mit Tülle Nr. 10 füllen und Kreise mit 3,5 Zentimeter Durchmesser auf mit Backpapier belegte Backbleche spritzen. Leicht gegen die Backbleche klopfen, um die Oberfläche zu glätten. Macaron-Schalen etwa 1 Stunde trocknen lassen, sodass sich eine leichte Kruste bildet. Im vorgeheizten Backofen etwa 11 Minuten backen. Herausnehmen und auf einem Kuchengitter abkühlen lassen.

## ROTER MACARON-BISKUIT

Macaron-Schalen wie oben beschrieben zubereiten, dabei die Lebensmittelfarbe mit der Mandel-Puderzucker-Mischung verrühren.

## GARNIEREN UND ANRICHTEN

Macaron-Schalen vom Backpapier lösen. Vanille-Ganache in einen Spritzbeutel mit Tülle Nr. 11 füllen. Auf die hellen Macaron-Schalen jeweils einen Ring aus Ganache aufspritzen und mit Erdbeerkonfitüre füllen.
Jeweils eine rote Macaron-Schale daraufsetzen und servieren.

# SCHLECK-MUSCHELN

FÜR 20 STÜCK
ZUBEREITUNG: 15 MIN.
GARZEIT: 20 MIN.

250 g Zucker
100 ml Wasser
50 g Glucosesirup
etwas Erdbeeraroma (Patisserie-Bedarf)
1 Tropfen erdbeerrote Lebensmittelfarbe
20 Muschelschalen, ausgekocht

Zucker und Wasser in einem Topf unter Rühren zum Kochen bringen, dabei den Topfrand mit einem angefeuchteten Pinsel säubern. Glucosesirup zugeben und alles bei starker Hitze unter Rühren kochen lassen. Mischung auf 160 °C erhitzen (mit einem Küchenthermometer kontrollieren).

Topf in ein großes Gefäß mit kaltem Wasser stellen, um den Garprozess zu unterbrechen. Erdbeeraroma und Lebensmittelfarbe zugeben und kurz und schnell unterrühren, damit der Zucker nicht kristallisiert.

Sirup sofort in die Muschelschalen gießen. Auf Raumtemperatur abkühlen lassen und Schleck-Muscheln luftdicht verschlossen aufbewahren.

# ERDBEER-MATCHA-GELEE-WÜRFEL

FÜR 80 STÜCK
ZUBEREITUNG: 30 MIN.
GARZEIT: 10 MIN.

## FÜR DAS ERDBEERGELEE

1,5 g Weinsteinbackpulver
1 EL Wasser
275 g grober Kristallzucker
6 g Pektin (Reformhaus)
250 g Erdbeerpüree
50 g Glucose (Patisserie-Bedarf)

## FÜR DAS APFEL-MATCHA-GELEE

1,5 g Weinsteinbackpulver
150 ml Wasser und 1 EL Wasser zum Auflösen
des Backpulvers
275 g grober Kristallzucker
6 g Pektin (Reformhaus)
8 g grüner Sencha-Tee
2 g Matcha-Tee
125 g grünes Apfelpüree
50 g Glucose (Patisserie-Bedarf)

## ZUM GARNIEREN UND ANRICHTEN

etwas Zucker zum Wälzen

## ERDBEERGELEE

Weinsteinbackpulver in einer Schüssel mit dem Wasser auflösen. In einer kleinen Schüssel 25 Gramm Zucker und Pektin mischen. Erdbeerpüree in einem Topf unter Rühren zum Kochen bringen. Zucker-Pektin-Mischung zugeben und nochmals unter Rühren zum Kochen bringen, restlichen Zucker und Glucose untermischen. Mischung auf 106 °C erhitzen (mit einem Küchenthermometer kontrollieren) und aufgelöstes Weinsteinbackpulver unterrühren.
Einen Edelstahlbackrahmen mit 20 Zentimeter Seitenlänge auf eine Silikonmatte setzen und Mischung sofort hineingießen. Auf Raumtemperatur abkühlen lassen.

## APFEL-MATCHA-GELEE

Weinsteinbackpulver in einer Schüssel mit 1 Esslöffel Wasser auflösen. In einer kleinen Schüssel 25 Gramm Zucker und Pektin mischen.
150 Milliliter Wasser in einem Topf zum Kochen bringen. Vom Herd nehmen, beide Teesorten hineingeben und 3 Minuten ziehen lassen. In einen Messbecher abseihen.
Apfelpüree und 125 Milliliter Tee in einem Topf unter Rühren auf 40 °C erwärmen. Zucker-Pektin-Mischung zugeben und unter Rühren zum Kochen bringen. Restlichen Zucker und Glucose untermischen. Mischung auf 107 °C erhitzen und aufgelöstes Weinsteinbackpulver unterrühren.
In den Backrahmen auf das abgekühlte Erdbeergelee gießen und auf Raumtemperatur abkühlen lassen.

## GARNIEREN UND ANRICHTEN

Geleemasse in Quadrate mit 2,2 Zentimeter Seitenlänge schneiden und im Zucker wälzen. In ein Sieb geben, überschüssigen Zucker abschütteln und servieren.
Trocken aufbewahrt, sind die Geleewürfel bei Raumtemperatur 10 Wochen haltbar.

# WALD-ERDBEER-KUCHEN

**FÜR 6 PERSONEN**
**ZUBEREITUNG: 1 STD.**
**GARZEIT: 20 MIN.**

## FÜR DEN MÜRBETEIG
125 g Butter und etwas Butter für den Tortenring
100 g Zucker
156 g Mehl (Type 405)
2 g Fleur de Sel
8 g Backpulver
3 Eigelb (Größe M)

## ZUM GARNIEREN UND ANRICHTEN
50 g Frischkäse
250 g Walderdbeeren
etwas Puderzucker zum Bestäuben

*Wenn Sie statt eines Kuchens lieber Tarteletten herstellen möchten, Mürbeteigböden à 55 Gramm in gefettete Formen mit 8 Zentimeter Durchmesser setzen und etwa 15 Minuten backen.*

## MÜRBETEIG
Butter in einer Küchenmaschine mit Rührblatt oder mit einem Handrührgerät weich kneten. Zucker zugeben und alles hell und schaumig rühren.
Mehl, Fleur de Sel und Backpulver in einer Schüssel mischen. Bei niedriger Geschwindigkeit erst Eigelbe, dann Mehlmischung zur Buttermasse geben. Teig noch 5 Minuten bei mittlerer Geschwindigkeit weiterrühren.
Backofen auf 180 °C (Umluft) vorheizen. Einen gefetteten Tortenring mit 20 Zentimeter Durchmesser auf ein mit Backpapier belegtes Backblech setzen. 300 Gramm Teig in den Tortenring geben und glatt streichen. In etwa 20 Minuten im vorgeheizten Backofen goldbraun backen.
Herausnehmen, Mürbeteigboden aus dem Tortenring lösen und auf einem Kuchengitter abkühlen lassen.

## GARNIEREN UND ANRICHTEN
Mürbeteigboden auf einen Kuchenteller setzen und Oberseite mithilfe einer Winkelpalette mit Frischkäse bestreichen.
Walderdbeeren waschen, verlesen, trocken tupfen und Stielansätze entfernen. Erdbeeren stehend auf der gesamten Torte verteilen. Kuchen am Rand mit Puderzucker bestäuben und servieren.

# SCHNEE-EIER MIT WALD-ERDBEEREN

FÜR 6 PERSONEN
ZUBEREITUNG: 20 MIN.
ZIEHZEIT: 10 MIN.
GARZEIT: 12 MIN.
KÜHLZEIT: 24 STD.

## FÜR DIE ENGLISCHE CREME
24 STD. IM VORAUS ZUBEREITEN
750 ml Milch
1 Vanilleschote
9 Eigelb (Größe M)
150 g Zucker

## FÜR DIE SCHNEE-EIER
17 Eiweiß (Größe M)
400 g Zucker
300 g Walderdbeeren

## FÜR DIE KARAMELLFÄDEN
125 g Zucker
40 ml Wasser

*Mit Frischhaltefolie abgedeckt, lässt sich die Englische Creme 3 Tage im Kühlschrank aufbewahren. Nicht ins Gefrierfach stellen.*

## ENGLISCHE CREME
Milch, aufgeschnittene Vanilleschote und herausgekratztes Mark in einem kleinen Topf bei mittlerer Hitze unter Rühren zum Kochen bringen. Herd ausschalten und Mischung zugedeckt 10 Minuten ziehen lassen. Vanilleschote vorsichtig mit einer Gabel herausnehmen.

Eigelbe und Zucker in einen mittelgroßen schweren Topf geben und etwa 3 Minuten mit dem Schneebesen rühren, bis die Mischung hell und schaumig ist.

Unter ständigem Rühren erst etwa ein Drittel der warmen Vanillemilch untermischen, dann restliche Vanillemilch in einem stetigen Strahl zugeben und unterrühren. Mischung bei mittlerer Hitze unter ständigem Rühren erwärmen.

Creme unter Rühren etwa 5 Minuten erhitzen, bis sie leicht eindickt, heller wird und eine Temperatur von 85 °C erreicht (mit einem Küchenthermometer kontrollieren). Für die Garprobe einen Spatel oder Löffel in die Creme tauchen und eine Linie in die Creme ziehen. Bleibt die Linie, ist die Creme fertig.

Topf sofort vom Herd nehmen und Creme 4 bis 5 Minuten mit einem kleinen Schneebesen verrühren. Creme durch ein Sieb in eine kleine Edelstahlrührschüssel streichen und in eine große Schüssel mit Eiswasser stellen. Gelegentlich rühren, bis die Creme vollständig abgekühlt ist. Mit Frischhaltefolie luftdicht abdecken und bis zur Verwendung 24 Stunden kühl stellen.

## SCHNEE-EIER

Eiweiße in einer Küchenmaschine mit Schneebesen oder mit einem Handrührgerät steif schlagen. Ist der Eischnee sehr fest, Zucker zugeben und noch etwas weiterrühren.

Eischnee in kleine mikrowellengeeignete Formen füllen. 30 Sekunden in der Mikrowelle auf maximaler Stufe erhitzen, Mikrowellentür öffnen und Vorgang 30 Sekunden lang wiederholen.

Walderdbeeren waschen, verlesen, trocken tupfen und von den Stielansätzen befreien. Einige Erdbeeren zum Garnieren beiseitestellen, restliche Erdbeeren auf tiefe Teller oder Schüsseln verteilen. Englische Creme darübergeben und Schnee-Eier vorsichtig darauf anrichten.

## KARAMELLFÄDEN

Zucker und Wasser in einem Topf unter Rühren zum Kochen bringen und bei starker Hitze kochen, bis ein helles Karamell entsteht.

Sofort vom Herd nehmen und Topf in ein Gefäß mit eiskaltem Wasser stellen, um die Karamellisierung zu unterbrechen.

Mithilfe einer Gabel Karamellfäden ziehen und auf einem Bogen Backpapier einen Kreis auslegen. Kurz erstarren lassen, Schnee-Eier mit in Stücke gebrochenen Karamellfäden verzieren und mit beiseitegestellten Walderdbeeren garniert servieren.

# MILCHREIS MIT WALD- ERDBEEREN

FÜR 6 GLÄSER
ZUBEREITUNG: 40 MIN.
GARZEIT: 30 MIN.
KÜHLZEIT: 5 STD.

## FÜR DEN MILCHREIS

355 ml Milch
1 Prise feines Salz
15 g Zucker
½ Madagaskar-Vanilleschote
10 g Vanillearoma
etwas Olivenöl zum Kochen
75 g Arborio-Reis
330 g Mascarpone

## FÜR DEN ERDBEERSCHAUM

2 ½ Blatt Gelatine Gold
250 ml Erdbeersaft (siehe Rezept S. 19)

## ZUM GARNIEREN UND ANRICHTEN

250 g Walderdbeeren
300 ml Erdbeersaft (siehe Rezept S. 19)

## MILCHREIS

Milch mit Salz, Zucker, aufgeschnittener Vanille-schote mit herausgekratztem Mark und Vanille-aroma in einem Topf unter Rühren zum Kochen bringen und beiseitestellen. Vanilleschote vor-sichtig mit einer Gabel herausnehmen.
In einem großen Topf etwas Olivenöl erhitzen, Reis zugeben und im Olivenöl schwenken. Gut verrühren, bis alle Körner mit Öl bedeckt sind. Nach und nach Vanillemilch zugeben und jeweils kräftig unterrühren. Dabei darauf achten, dass die Flüssigkeit vor jeder neuen Zugabe vollstän-dig eingekocht ist.
Mascarpone untermischen, alles zum Abkühlen in eine große hitzebeständige Schüssel geben und bis zur Verwendung kühl stellen.

## ERDBEERSCHAUM

Gelatine 20 Minuten vor der Verwendung in einer Schüssel mit kaltem Wasser einweichen und aus-drücken.
Ein Drittel des Erdbeersafts in einem kleinen Topf erhitzen und Gelatine unterrühren. Mischung zum restlichen Erdbeersaft geben und alles mit einem Stabmixer glatt rühren.
In einen Sahnesiphon geben und drei Gaskartu-schen einfüllen. Kräftig schütteln und bis zur Ver-wendung mindestens 5 Stunden kühl stellen.

## GARNIEREN UND ANRICHTEN

Walderdbeeren waschen, verlesen, trocken tup-fen und von den Stielansätzen befreien. Jedes Dessertglas etwa zu einem Drittel mit Milchreis füllen. Walderdbeeren jeweils daraufgeben und jedes Glas mit 50 Milliliter Erdbeersaft aufgießen. Gläser leicht auf die Arbeitsfläche klopfen, um die Oberfläche zu glätten.
Erdbeerschaum mit dem Sahnesiphon aufsprühen und Milchreis sofort servieren.

# PAVLOVA

FÜR 2 PAVLOVAS
FÜR 6 PERSONEN
ZUBEREITUNG: 1 STD.
GARZEIT: 3 STD.

## FÜR DAS FRANZÖSISCHE BAISER
5 Eiweiß (Größe M)
150 g Zucker, 150 g Puderzucker
etwas Butter für die Tortenringe
einige Kokosraspel zum Bestreuen

## FÜR DIE KOKOS-MASCARPONE-CREME
270 g Mascarpone, 60 g Puderzucker, 230 g Sahne
200 g Kokosnussfruchtfleisch, püriert
40 g Kokosraspel

## ZUM GARNIEREN UND ANRICHTEN
80 g Walderdbeeren, 1 unbehandelte Limette

## FRANZÖSISCHES BAISER
Eiweiße in einer Küchenmaschine mit Schneebesen oder mit einem Handrührgerät steif schlagen und nach und nach Zucker unterrühren. Einige Sekunden weiterrühren und Maschine ausschalten. Puderzucker sieben und vorsichtig untermischen.
Zwei Tortenringe (20 Zentimeter Durchmesser, 4,5 Zentimeter Höhe) auf ein mit Backpapier belegtes Backblech setzen. Tortenringe fetten und mit einem Streifen Backpapier auslegen.
Backofen auf 100 °C vorheizen. Baisermasse in einen Spritzbeutel mit Tülle Nr. 10 füllen und spiralförmig in die Tortenringe spritzen. Am Rand entlang große Baiser-Tupfer aufspritzen und Baisermasse mit Kokosraspeln bestreuen. Etwa 3 Stunden im vorgeheizten Backofen backen. Herausnehmen und sofort verwenden oder in einer Frischebox beiseitestellen.

## KOKOS-MASCARPONE-CREME
Kalten Mascarpone in einer Küchenmaschine mit Schneebesen oder mit einem Handrührgerät verrühren, gesiebten Puderzucker zufügen, nach und nach kalte Sahne zugießen und zu einer Creme aufschlagen. Kokospüree und Kokosraspel unterheben. Creme in einen Spritzbeutel mit Lochtülle Nr. 10 füllen.

## GARNIEREN UND ANRICHTEN
Kokos-Mascarpone-Creme auf die Baiserböden aufspritzen. Erdbeeren waschen, verlesen, trocken tupfen und von den Stielansätzen befreien. Beeren stehend auf der Creme verteilen. Limette waschen, trocken tupfen und von der Schale feine Streifen abschneiden. Pavlovas mit Limettenstreifen garniert servieren.

# PLANIFOLIA

FÜR 2 DESSERTS
FÜR 6 PERSONEN
ZUBEREITUNG:
15 MIN. AM VORTAG
1 STD. AM SERVIERTAG
GARZEIT: 30 MIN.
ZIEHZEIT: 30 MIN.
KÜHLZEIT: 24 STD.

## FÜR DIE VANILLE-MASCARPONE-CREME
### 24 STD. IM VORAUS ZUBEREITEN

1 ½ Blatt Gelatine Gold
250 g Sahne
30 g Zucker
½ Vanilleschote
65 g Mascarpone

## FÜR DEN PLANIFOLIA-BISKUIT

40 g weiße Kuvertüre (z. B. Valrhona Ivoire)
70 g Butter und etwas Butter für die Torten-ringe
95 g Zucker
1 Ei (Größe L)
55 g Mehl
30 g grob gemahlene Mandeln
40 g Walderdbeeren (TK-Produkt)

## ZUM GARNIEREN UND ANRICHTEN

40 g Walderdbeeren

## FÜR DIE VANILLE-MOUSSE

4 Blatt Gelatine Gold
229 ml Milch
½ Vanilleschote
290 g weiße Kuvertüre (z. B. Valrhona Ivoire)
312 g Sahne

## FÜR DIE GLASUR

3 Blatt Gelatine Gold
225 g Sahne
375 g weiße Kuvertüre (z. B. Valrhona Opalys)
150 g neutrale Glasur

## VANILLE-MASCARPONE-CREME

Gelatine 20 Minuten vor der Verwendung in einer Schüssel mit kaltem Wasser einweichen.

Sahne, Zucker und aufgeschnittene Vanilleschote mit dem herausgekratzten Mark in einem Topf unter Rühren zum Kochen bringen. Gelatine ausdrücken und untermischen. Vanilleschote vorsichtig mit einer Gabel herausnehmen, Mischung mit einem Stabmixer glatt rühren, mit Frischhaltefolie luftdicht abdecken und mindestens 24 Stunden kühl stellen.

Am Serviertag Vanillecreme in einer Küchenmaschine mit Schneebesen oder mit einem Handrührgerät aufschlagen und Mascarpone zugeben. Einige Sekunden kräftig rühren. Rand der Rührschüssel dabei mit einem Teigspatel säubern. Weiterrühren, bis eine luftige, lockere Creme entstanden ist. Vanille-Mascarpone-Creme in einen Spritzbeutel füllen.

## PLANIFOLIA-BISKUIT

Kuvertüre unter Rühren in einem Wasserbad auf eine Temperatur von 40 °C erhitzen (mit einem Küchenthermometer kontrollieren) und zum Schmelzen bringen. Butter in einer Küchenmaschine mit Rührblatt oder mit einem Handrührgerät weich kneten und Zucker unterrühren. Geschmolzene Kuvertüre und Ei unterrühren. Mehl und grob gemahlene Mandeln untermischen. Tiefgekühlte Walderdbeeren unterheben. Backofen auf 180 °C vorheizen. Zwei Tortenringe (20 Zentimeter Durchmesser) einfetten und auf ein mit Backpapier belegtes Backblech setzen. Jeweils 210 Gramm Biskuitmasse abwiegen, in die Tortenringe geben und glatt streichen. Etwa 15 Minuten im vorgeheizten Backofen backen. Herausnehmen und in den Tortenringen abkühlen lassen.

## GARNIEREN UND ANRICHTEN

Vanille-Mascarpone-Creme auf die Biskuitböden in den Tortenringen aufspritzen, dabei jeweils einen 1 Zentimeter breiten Rand freilassen. Walderdbeeren waschen, verlesen, trocken tupfen und von den Stielansätzen befreien. Erdbeeren jeweils auf der Creme verteilen und Desserts bis zur Weiterverwendung ins Gefrierfach stellen.

## VANILLE-MOUSSE

Gelatine 20 Minuten vor der Verwendung in einer Schüssel mit kaltem Wasser einweichen.

Milch und aufgeschnittene Vanilleschote mit dem herausgekratzten Mark in einem Topf unter Rühren zum Kochen bringen. Herd ausschalten und Mischung zugedeckt 30 Minuten ziehen lassen. Vanilleschote vorsichtig mit einer Gabel herausnehmen. Nochmals unter Rühren zum Kochen bringen und Vanillecreme durch ein feines Sieb in eine Schüssel streichen. Gelatine ausdrücken und untermischen.

Kuvertüre unter Rühren in einem Wasserbad erhitzen und zum Schmelzen bringen. Sahne in einem Topf erhitzen, portionsweise zur geschmolzenen Schokolade geben und unterrühren. Mischung mit einem Stabmixer glatt rühren und auf 35 °C abkühlen lassen.

Vanillecreme in einer Küchenmaschine mit Schneebesen oder mit einem Handrührgerät aufschlagen und mit einem Teigspatel unter die Kuvertüremischung heben.

Biskuitböden aus dem Gefrierfach nehmen und jeweils vollständig mit der Vanille-Mousse bedecken. Sofort wieder ins Gefrierfach stellen.

## GLASUR

Gelatine 20 Minuten vor der Verwendung in einer Schüssel mit kaltem Wasser einweichen und ausdrücken.

Sahne in einem Topf zum Kochen bringen und Gelatine unterrühren. Kuvertüre in einem heißen Wasserbad unter Rühren zum Schmelzen bringen. Heiße Sahnemischung portionsweise zugeben und unterrühren. Neutrale Glasur unter Rühren in einem Topf auf 80 °C erhitzen und untermischen. Mischung auf 30 °C temperieren und gefrorene Desserts damit glasieren. Beide Desserts sofort servieren oder nur eines servieren und das andere bis zum Servieren im Gefrierfach aufbewahren.

HIMBEEREN
— UND —
BROMBEEREN

# HIMBEER-KUCHEN

FÜR 6 PERSONEN
ZUBEREITUNG: 40 MIN.
GARZEIT: 20 MIN.

## FÜR DEN MÜRBETEIG

125 g Butter und etwas Butter für den Backrahmen
100 g Zucker
156 g Mehl (Type 405)
2 g Fleur de Sel
8 g Backpulver
3 Eigelb (Größe M)

## ZUM GARNIEREN UND ANRICHTEN

150 g Himbeerkonfitüre (siehe Rezept auf S. 73)
60 g geröstete Sesamsamen
375 g Himbeeren
etwas Puderzucker zum Bestäuben

## MÜRBETEIG

Butter mindestens 30 Minuten vor der Verwendung aus dem Kühlschrank nehmen. In einer Küchenmaschine mit Rührblatt oder mit einem Handrührgerät weich kneten. Zucker zugeben und beides verrühren, bis die Mischung hell und schaumig ist.
Mehl, Fleur de Sel und Backpulver in einer Schüssel mischen. Bei niedriger Geschwindigkeit Eigelbe und Mehlmischung nacheinander zur Buttermischung geben und unterrühren. Teig 5 Minuten bei mittlerer Geschwindigkeit weiterrühren.
Backofen auf 180 °C (Umluft) vorheizen. Einen gefetteten Backrahmen (18 Zentimeter Seitenlänge) auf ein mit Backpapier belegtes Backblech setzen. 500 Gramm Teig in den Backrahmen geben und glatt streichen.
Etwa 20 Minuten im vorgeheizten Backofen backen, bis der Teig gleichmäßig goldbraun ist.

## GARNIEREN UND ANRICHTEN

Teigboden herausnehmen, abkühlen lassen, Backrahmen entfernen und Himbeerkonfitüre mit einer Winkelpalette auf dem Teig verstreichen. Rand des Kuchens mit gerösteten Sesamsamen bestreuen.
Himbeeren waschen, verlesen, trocken tupfen und in konzentrischen Quadraten auf dem Kuchen verteilen, dabei Himbeeren pro Quadrat abwechselnd mit der Öffnung nach oben und mit der Öffnung nach unten auf den Kuchen setzen und umgedrehte Himbeeren jeweils mit Puderzucker bestäuben. Kuchen sofort servieren.

# HIMBEER-KONFITÜRE

FÜR 5 GLÄSER
ZUBEREITUNG: 1 STD.
GARZEIT: 30 MIN.

1 kg Himbeeren
500 g Gelierzucker
10 g Pektin NH (Patisserie-Bedarf)
Saft von 1 Zitrone

Himbeeren waschen, verlesen, trocken tupfen und in einem schweren Topf mit der Hälfte des Gelierzuckers mischen.
Unter Rühren erhitzen und restlichen Gelierzucker sowie Pektin zugeben.
Weitere 15 Minuten unter gelegentlichem Rühren kochen, Zitronensaft zufügen und unterrühren.
Himbeerkonfitüre sofort in sterilisierte Gläser füllen, mit Deckeln verschließen und Gläser auf den Kopf stellen. Konfitüre bis zum vollständigen Abkühlen umgedreht stehen lassen. Gut gekühlt, ist die Himbeerkonfitüre bis zu 1 Jahr haltbar.

# ZITRONEN-VERBENEN-HIMBEER-TARTE

FÜR 6 PERSONEN
ZUBEREITUNG: 1 STD.
KÜHLZEIT: 3 STD.
ZIEHZEIT: 40 MIN.
GARZEIT: 40 MIN.

## FÜR DEN MÜRBETEIG

120 g Butter und etwas Butter für den Tortenring
75 g Puderzucker
25 g gemahlene Mandeln
1 Prise Fleur de Sel
2 g Vanillepulver
2 Eier (Größe S)
200 g Mehl (Type 550)
ggf. getrocknete Hülsenfrüchte zum Blind-backen

## FÜR DIE ZITRONENVERBENEN-GANACHE

150 g Sahne
50 Zitronenverbenenblätter
150 g weiße Kuvertüre (z. B. Valrhona Ivoire)

## FÜR DIE HIMBEERFÜLLUNG

200 g Himbeerpüree
30 g Zucker
4 g Pektin NH (Patisserie-Bedarf)
5 ml Zitronensaft

## FÜR DIE ZITRONENVERBENEN-MASCARPONE-CREME

180 g Sahne
50 Zitronenverbenenblätter
220 g Mascarpone
40 g Puderzucker

## ZUM GARNIEREN UND ANRICHTEN

einige frische Himbeeren
einige frische Zitronenverbenenblätter

---

*Teigreste nicht kneten, sondern nur auf dem nicht verwendeten Teig ausrollen und später wieder-verwenden. Der ausgerollte Teig muss stets einige Zeit im Kühlschrank ruhen, bevor man die Back-form damit auslegt.*

## MÜRBETEIG

Alle Zutaten mit Ausnahme der Butter sollten sehr kalt verarbeitet werden.

Butter in einer Schüssel weich und glatt kneten und nacheinander Puderzucker, gemahlene Mandeln, Fleur de Sel, Vanillepulver, Eier und Mehl untermischen.

Dabei den Teig nicht zu stark kneten, damit er schön sandig bleibt. Mit Frischhaltefolie abdecken und 1 bis 2 Stunden kühl stellen.

## ZITRONENVERBENEN-GANACHE

Sahne in einem Topf unter Rühren zum Kochen bringen. Vom Herd nehmen und Zitronenverbenenblätter zugeben. Zugedeckt 20 Minuten ziehen lassen. Mit einem Stabmixer glatt pürieren und nochmals unter Rühren zum Kochen bringen. Kuvertüre unter Rühren in einem Wasserbad zum Schmelzen bringen. Heiße Zitronenverbenensahne portionsweise zugeben und unterrühren. Mischung mit einem Stabmixer zu einer glatten, homogenen Ganache verarbeiten.

Ganache in ein flaches Gefäß geben und mit Frischhaltefolie luftdicht abdecken. Bis zur Weiterverwendung kühl stellen.

## HIMBEERFÜLLUNG

Himbeerpüree und Hälfte des Zuckers in einem Topf unter Rühren auf 50 °C erhitzen (mit einem Küchenthermometer kontrollieren). Restlichen Zucker und Pektin mischen, zugeben und alles unter Rühren zum Kochen bringen.

Zitronensaft zugeben und alles vermischen. Füllung abkühlen lassen und in einem luftdichten Gefäß kühl stellen.

## ZITRONENVERBENEN-MASCARPONE-CREME

Hälfte der Sahne in einem Topf unter Rühren erwärmen. Zitronenverbenenblätter zugeben, und alles zugedeckt mindestens 20 Minuten ziehen lassen. Mit einem Stabmixer glatt rühren. Vollständig abkühlen lassen. Kalten Mascarpone in einer Küchenmaschine mit Schneebesen oder mit einem Handrührgerät cremig rühren, gesiebten Puderzucker zufügen, nach und nach restliche kalte Sahne und Zitonenverbenen-Sahne zugießen. Alles zu einer festen Creme aufschlagen. Kühl stellen.

## GARNIEREN UND ANRICHTEN

Mürbeteig aus dem Kühlschrank nehmen und kreisförmig 2 Millimeter dick ausrollen.

Einen gefetteten Tortenring (26 Zentimeter Durchmesser) auf ein mit Backpapier belegtes Backblech setzen und mit dem Teig auslegen. Teig mehrmals mit einer Gabel einstechen, damit er sich beim Backen nicht anhebt. Etwa 1 Stunde kühl stellen.

Backofen auf 180 °C vorheizen. Tarteboden mit Backpapier belegen und mit Backperlen oder getrockneten Hülsenfrüchten zum Blindbacken beschweren. 10 bis 15 Minuten im vorgeheizten Backofen backen. Backperlen oder getrocknete Hülsenfrüchte und Backpapier entfernen und Teigboden etwa 10 Minuten weiterbacken, bis er gleichmäßig goldbraun ist. Herausnehmen und auf einem Kuchengitter abkühlen lassen.

Zitronenverbenen-Ganache auf den Teigboden geben, glatt streichen und in mindestens 30 Minuten im Kühlschrank fest werden lassen.

Aus dem Kühlschrank nehmen und eine dünne Schicht Himbeerfüllung auf der Ganache verstreichen.

Zitronenverbenen-Mascarpone-Creme in einen Spritzbeutel mit Saint-Honoré-Tülle füllen und wellenförmig auf die Tarte aufspritzen, dabei einen 1 Zentimeter breiten Rand frei lassen. Himbeeren waschen, verlesen und trocken tupfen. Rand der Tarte mit Himbeeren verzieren und Tarte mit Zitronenverbenenblättern garniert servieren.

# FEIGEN-HIMBEER-KOMPOTT AUS DER MIKROWELLE

FÜR 4 PERSONEN
ZUBEREITUNG: 10 MIN.
GARZEIT: 10 MIN.

500 g Feigen
125 g Himbeeren
1 unbehandelte Orange
etwas Zimtpulver zum Bestäuben

*Feigen und Himbeeren lassen sich durch beliebige andere Früchte ersetzen. Dazu passt eine Kugel Eis und eine Mandelhippe (siehe Rezept »Thymianhippen« auf S. 34).*

Feigen waschen, trocken tupfen, vierteln und sternförmig auf Tellern anrichten.
Himbeeren waschen, verlesen, trocken tupfen und auf den Feigen verteilen. Orange waschen, trocken reiben, Schale abschälen und in Streifen schneiden (Fruchtfleisch anderweitig verwenden). Früchte mit Orangenschalenstreifen garnieren und alles mit etwas Zimt bestäuben.
Teller luftdicht mit mikrowellengeeigneter Frischhaltefolie abdecken, höchstens 10 Minuten in der Mikrowelle erhitzen und Früchte dabei im Dampf garen lassen.
Herausnehmen, einige Minuten ruhen lassen und Folie entfernen (Vorsicht: Beim Entfernen der Folie entweicht heißer Wasserdampf!). Kompott noch warm servieren.

# PASSIONSFRUCHT-HIMBEER-CHEESECAKE

FÜR 6 PERSONEN
ZUBEREITUNG: 3 STD.
GARZEIT: 1 STD.
GEFRIERZEIT: 3 STD.

## FÜR DEN MÜRBETEIG
160 g Butter und etwas Butter für die Form
70 g Puderzucker
25 g gemahlene Mandeln
½ Ei (Größe L)
175 g Mehl (Type 405)

## FÜR DEN BISKUIT
4 Eier (Größe M)
90 g Zucker
45 g Mehl
45 g Kartoffelstärke

## FÜR DIE FRISCHKÄSEMASSE
215 g Frischkäse (z. B. Philadelphia)
60 g Zucker
10 g Mehl (Type 405)
1 Ei und ½ Eigelb (Größe M)
10 g Sahne (35 % Fett)

## FÜR DIE HIMBEERFÜLLUNG
200 g Himbeerpüree
40 g Zucker
4 g Pektin NH (Patisserie-Bedarf)
3 ml Zitronensaft

## FÜR DIE CHEESECAKE-CREME
1 Blatt Gelatine
113 g Frischkäse (z. B. Philadelphia)
8 g Puderzucker
1 Eigelb (Größe M)
12 ml Mineralwasser
37 g Zucker
138 g sehr kalte Sahne (35 % Fett)

## FÜR DIE PASSIONSFRUCHTGLASUR
100 g Passionsfruchtpüree und einige Passionsfruchtkerne
500 g neutrale Glasur

## ZUM GARNIEREN UND ANRICHTEN
150 g Passionsfruchtpüree
100 g Kakaobutter
einige Tropfen fettlösliche gelbe Lebensmittelfarbe
100 g weiße Schokolade
einige frische Früchte (z. B. Passionsfrucht, Rote Johannisbeeren, Himbeeren)
etwas Puderzucker zum Bestäuben

## MÜRBETEIG

Butter mindestens 30 Minuten vor der Verwendung aus dem Kühlschrank nehmen. 100 Gramm Butter in einer Küchenmaschine mit Rührblatt oder mit einem Handrührgerät weich kneten. Puderzucker und gemahlene Mandeln unterrühren. Ei unterrühren und Mehl zugeben.

Alles zu einem homogenen Teig verkneten und zwischen zwei Lagen Backpapier so dünn wie möglich ausrollen. Backofen auf 170 °C (Umluft) vorheizen. Teig in etwa 15 Minuten im vorgeheizten Backofen goldbraun backen und auf einem Kuchengitter abkühlen lassen.

Abgekühlten Teig in einem Standmixer zu feinen Krümeln verarbeiten. Restliche Butter weich kneten. Mürbeteigkrümel zugeben und alles zu einer homogenen Masse verarbeiten. 120 Gramm Mürbeteig in eine gefettete Springform (20 Zentimeter Durchmesser) geben und fest andrücken. Mit Frischhaltefolie abdecken und kühl stellen.

## BISKUIT

Eier trennen. Eigelbe und Hälfte des Zuckers in einer Küchenmaschine mit Schneebesen oder mit einem Handrührgerät zu einer glatten, homogenen Masse verrühren. Eiweiße halbsteif schlagen, dabei nach und nach restlichen Zucker zugeben. Mehl und Stärke in eine Schüssel sieben und mischen. Mit einem Teigschaber Eigelbe vorsichtig mit Eischnee und gesiebten trockenen Zutaten vermischen.

Backofen auf 200 °C vorheizen. Biskuitmasse in einen Spritzbeutel mit Tülle Nr. 8 füllen und spiralförmig einen Kreis mit 20 Zentimeter Durchmesser auf ein mit Backpapier belegtes Backblech spritzen. 5 bis 6 Minuten im vorgeheizten Backofen backen und auf einem Kuchengitter abkühlen lassen.

## FRISCHKÄSEMASSE

Frischkäse in einer Küchenmaschine mit Rührblatt oder mit einem Handrührgerät cremig rühren, Zucker und gesiebtes Mehl zugeben und unterrühren. Ei und Eigelb schaumig rühren, unter die Frischkäsemasse mischen, Sahne unterrühren und alles beiseitestellen.

## HIMBEERFÜLLUNG

Himbeerpüree und zwei Drittel des Zuckers in einem Topf unter Rühren auf 50 °C erhitzen (mit einem Küchenthermometer kontrollieren). Restlichen Zucker und Pektin mischen und einrieseln lassen. Mischung unter Rühren zum Kochen bringen. Zitronensaft unterrühren, alles sofort in eine

runde Silikonform (18 Zentimeter Durchmesser) geben und glatt streichen. 1 Stunde ins Gefrierfach stellen.

## CHEESECAKE-CREME

Gelatine 20 Minuten vor der Verwendung in einer Schüssel mit kaltem Wasser einweichen. Frischkäse und Puderzucker in einem Wasserbad unter Rühren auf 40 °C erwärmen. Gelatine ausdrücken, etwa 5 Sekunden in der Mikrowelle erhitzen, zugeben und alles mit einem Stabmixer glatt rühren. Eigelb mit einem Handrührgerät schaumig schlagen. Mineralwasser und Zucker in einem Topf unter Rühren zum Kochen bringen. Mischung zum Eigelb geben und bis zum Abkühlen mit hoher Geschwindigkeit weiterrühren. Bei mittlerer Geschwindigkeit aufschlagen, bis die Mischung die Konsistenz einer Sabayon erreicht hat. Zur Frischkäsemasse geben und alles mit einem Schneebesen verrühren. Sahne in einer Schüssel steif schlagen und unter die Frischkäsemischung heben.

## PASSIONSFRUCHTGLASUR

Alle Zutaten in einer Schüssel vermischen, mit einem Stabmixer glatt rühren und beiseitestellen.

## GARNIEREN UND ANRICHTEN

Backofen auf 90 °C (Umluft) vorheizen. Mürbeteigboden aus dem Kühlschrank nehmen. Biskuitboden mit Passionsfruchtpüree bestreichen und in die Springform setzen. Mit der Frischkäsemasse bestreichen, etwa 1 Stunde im vorgeheizten Backofen backen, herausnehmen und abkühlen lassen. Gefrorene Himbeerfüllung daraufgeben. Cheesecake-Creme darauf verteilen und glatt streichen. 2 Stunden ins Gefrierfach stellen. Herausnehmen und Oberseite mit kalter Passionsfruchtglasur bestreichen. Kuchen aus der Form lösen. Kakaobutter in einem Topf zum Schmelzen bringen und Lebensmittelfarbe unterrühren. Mit einem Backpinsel eine dünne Schicht Kakaobutter auf einen 6 Zentimeter breiten und 20 Zentimeter langen Streifen Tortenrandfolie auftragen und fest werden lassen. Weiße Schokolade in einem Wasserbad unter Rühren zum Schmelzen bringen, in einer dünnen Schicht auf die Tortenrandfolie auftragen und Folie sofort um den Rand des Kuchens legen. Kuchen einige Minuten ins Gefrierfach stellen. Vor dem Servieren Folie abziehen. Früchte waschen, verlesen und trocken tupfen, Passionsfrüchte halbieren oder vierteln, Früchte leicht mit Puderzucker bestäuben und Kuchen mit Früchten garniert servieren.

# PARMESAN-TÖRTCHEN

---

FÜR 6 TÖRTCHEN
ZUBEREITUNG: 1 STD.
KÜHLZEIT: 1 STD.
GEFRIERZEIT: 2 STD.
GARZEIT: 35 MIN.

---

### FÜR DEN SESAM-MÜRBETEIG
160 g Butter und etwas Butter für die Formen
100 g Puderzucker
36 g gemahlene Mandeln
1 Ei (Größe L)
165 g Mehl und etwas Mehl für die Arbeitsfläche
2 g Fleur de Sel
110 g geröstete Sesamsamen
ggf. getrocknete Hülsenfrüchte zum Blindbacken

### FÜR DEN BISKUIT
4 Eier (Größe M)
90 g Zucker
45 g Mehl
45 g Kartoffelstärke

### FÜR DAS HIMBEER-PAPRIKA-PÜREE
4 ½ Blatt Gelatine
400 g Himbeerpüree
96 g Zucker
40 g Paprikapüree
32 ml Himbeeressig

---

### FÜR DIE PARMESAN-SABAYON
2 ½ Blatt Gelatine
60 ml Wasser
60 g Zucker
3 Eigelb (Größe M)
285 g sehr kalte Sahne
100 g geriebener Parmesan

### ZUM GARNIEREN UND ANRICHTEN
etwas Himbeerkonfitüre (siehe Rezept auf S. 73)
einige frische Himbeeren
etwas Puderzucker zum Bestäuben

## MÜRBETEIG

Butter mindestens 30 Minuten vor der Verwendung aus dem Kühlschrank nehmen. In einer Küchenmaschine mit Rührblatt oder mit einem Handrührgerät weich kneten. Puderzucker und gemahlene Mandeln zugeben. Ei unterrühren und Mehl, Fleur de Sel sowie Sesam zugeben. Alles zu einem homogenen Teig verarbeiten und ein Backblech mit Frischhaltefolie auslegen. Teig auf die Folie legen und zu einem Quadrat formen. Folienränder über dem Teig einschlagen und Teig 1 Stunde kühl stellen.

Teig herausnehmen und auf einer bemehlten Arbeitsfläche 2,5 Millimeter dick ausrollen. Mit einem Wellenrandausstecher sechs Kreise mit 8 Zentimeter Durchmesser ausstechen und Teigkreise in sechs gefettete Tartelette-Formen (7 Zentimeter Durchmesser) setzen. 1 Stunde kühl stellen.

Backofen auf 180 °C vorheizen. Tartelette-Böden mit Backpapier belegen und mit Backperlen oder getrockneten Hülsenfrüchten zum Blindbacken beschweren. 10 bis 15 Minuten im vorgeheizten Backofen backen. Backperlen oder Hülsenfrüchte und Backpapier entfernen und Teigböden noch etwa 10 Minuten weiterbacken, bis sie gleichmäßig goldbraun sind. Herausnehmen, aus den Formen lösen und abkühlen lassen.

## BISKUIT

Eier trennen. Eigelbe und Hälfte des Zuckers in einer Küchenmaschine mit Schneebesen oder mit einem Handrührgerät zu einer glatten, homogenen Masse verrühren, die wie in einem Band vom Schneebesen herabläuft.

Eiweiße halbsteif schlagen, dabei restlichen Zucker nach und nach unterrühren. Mehl und Stärke in eine Schüssel sieben und mischen. Eigelbmischung mit einem Teigspatel vorsichtig mit Eischnee und gesiebten trockenen Zutaten vermischen.

Backofen auf 200 °C vorheizen. Biskuitmasse in einen Spritzbeutel mit Tülle Nr. 8 füllen und in sechs Spiralen mit 7 Zentimeter Durchmesser auf ein mit Backpapier belegtes Backblech spritzen. 5 bis 6 Minuten im vorgeheizten Backofen backen und auf einem Kuchengitter abkühlen lassen.

## HIMBEER-PAPRIKA-PÜREE

Gelatine 20 Minuten vor der Verwendung in einer Schüssel mit kaltem Wasser einweichen.

Ein Drittel des Himbeerpürees und Zucker in einem Topf unter Rühren auf 50 °C erhitzen (mit einem Küchenthermometer kontrollieren). Gelatine ausdrücken und unterrühren. Noch warme Mischung unter Rühren zum restlichen Himbeerpüree geben, Paprikapüree und Himbeeressig zugeben und alles mit einem Stabmixer glatt rühren.

Auf jeden Tartelette-Boden einen Biskuitboden setzen. Himbeer-Paprika-Püree jeweils darauf verteilen und im Kühlschrank fest werden lassen.

## PARMESAN-SABAYON

Gelatine 20 Minuten vor der Verwendung in einer Schüssel mit kaltem Wasser einweichen.

Wasser, Zucker und Eigelbe unter Rühren in einem Wasserbad auf 80 °C erhitzen. Abkühlen lassen und bei mittlerer Geschwindigkeit mit dem Rührgerät aufschlagen.

35 Gramm Sahne in einem Topf unter Rühren zum Kochen bringen. Gelatine ausdrücken und unterrühren. Ein Drittel der Eigelbmischung zugeben. Alles verrühren und restliche Eigelbmischung sowie Parmesan unterrühren. Restliche sehr kalte Sahne steif schlagen und vorsichtig mit einem Teigspatel unterheben.

Masse in sechs Kuppel-Silikonformen (4 Zentimeter Durchmesser) geben und glatt streichen. 2 Stunden ins Gefrierfach stellen.

## GARNIEREN UND ANRICHTEN

Gefrorene Parmesan-Sabayon-Kuppeln aus den Formen lösen. Himbeerkonfitüre in einer Schüssel mit etwas Wasser verrühren und Parmesan-Sabayon-Kuppeln hineintauchen. Kuppeln jeweils in die Mitte der Tartelletten setzen. Himbeeren waschen, verlesen, trocken tupfen und mit Puderzucker bestäuben. Ränder der Tartelletten mit Himbeeren verzieren und Törtchen servieren.

# SCHOKO-HIMBEER-TARTE

FÜR 6 PERSONEN
ZUBEREITUNG:
20 MIN. AM VORTAG
50 MIN. AM SERVIERTAG
KÜHLZEIT: 13 STD.
GARZEIT: 30 MIN.

## FÜR DIE SCHOKO-CREME
### AM VORTAG ZUBEREITEN

1 Blatt Gelatine
175 g Vollmilchkuvertüre (z. B. Valrhona Jivara)
5 g Glucose (Patisserie-Bedarf)
100 ml Milch, 200 g kalte Sahne

## FÜR DEN HASELNUSS-MÜRBETEIG

150 g Butter und etwas Butter für den Tortenring
90 g Puderzucker
12 g geröstete, gehackte Haselnüsse
25 g gemahlene Haselnüsse
12 g Nussnugatcreme
1 Ei (Größe M), 2 g feines Salz
250 g Mehl und etwas Mehl für die Arbeitsfläche
ggf. getrocknete Hülsenfrüchte zum Blindbacken

## FÜR DIE SCHOKO-TALER

400 g Vollmilchkuvertüre (z. B. Valrhona Jivara)

## ZUM GARNIEREN UND ANRICHTEN

einige frische Himbeeren
etwas Puderzucker zum Bestäuben

## SCHOKO-CREME

Gelatine 20 Minuten vor der Verwendung in einer Schüssel mit kaltem Wasser einweichen. Kuvertüre unter Rühren in einem Wasserbad bei 45 °C zum Schmelzen bringen (mit einem Küchenthermometer kontrollieren) und Glucose unterrühren. Milch in einem Topf unter Rühren zum Kochen bringen. Gelatine ausdrücken und unterrühren. Mischung nach und nach durch ein feines Sieb streichen und unter Rühren zur geschmolzenen Kuvertüre geben, bis eine elastische, glänzende Creme entstanden ist. Mit einem Stabmixer glatt rühren. Sahne zugeben und noch einige Sekunden weiterrühren. Creme über Nacht kühl stellen.

## HASELNUSS-MÜRBETEIG

Butter mindestens 30 Minuten vor der Verwendung aus dem Kühlschrank nehmen. In einer Küchenmaschine mit Rührblatt oder mit einem Handrührgerät weich kneten. Nacheinander Puderzucker, geröstete, gehackte Haselnüsse, gemahlene Haselnüsse, Nussnugatcreme, Ei, Salz und Mehl unterrühren. Dabei den Teig nicht zu lange rühren. Mit Frischhaltefolie abdecken und kühl stellen.
Teig kreisförmig 2 Millimeter dick auf einer bemehlten Arbeitsfläche ausrollen. Einen gefetteten Tortenring (17 Zentimeter Durchmesser) auf ein mit Backpapier belegtes Backblech setzen und mit dem Teig auslegen, dabei einen Rand hochziehen. Teig mehrmals mit einer Gabel einstechen und etwa 1 Stunde kühl stellen.
Backofen auf 180 °C vorheizen. Tarteboden mit Backpapier belegen und mit Backperlen oder getrockneten Hülsenfrüchten beschweren. 10 bis 15 Minuten im vorgeheizten Backofen backen. Backperlen oder Hülsenfrüchte und Backpapier entfernen und Teigboden etwa 10 Minuten weiterbacken, bis er gleichmäßig goldbraun ist. Herausnehmen, aus dem Tortenring lösen und auf einem Kuchengitter abkühlen lassen.

## SCHOKO-TALER

Kuvertüre in einem Wasserbad unter Rühren zum Schmelzen bringen und in einer dünnen Schicht auf einem Bogen Backpapier verstreichen. Sobald die Schokolade fest zu werden beginnt, mit runden Ausstechern verschieden große Kreise ausstechen und fest werden lassen.

## GARNIEREN UND ANRICHTEN

Schoko-Creme in einen Spritzbeutel mit Tülle Nr. 12 füllen.
Creme in unregelmäßigen Formen auf den Haselnuss-Mürbeteigboden spritzen. Himbeeren waschen, verlesen, trocken tupfen und mit Puderzucker bestäuben. Tarte mit Himbeeren und Schoko-Talern garniert servieren.

# SCHOKO-MOUSSE-DESSERT

FÜR 2 DESSERTS
FÜR 6 PERSONEN
ZUBEREITUNG: 1 STD. 20 MIN.
GARZEIT: 25 MIN.
ZIEHZEIT: 30 MIN.
GEFRIERZEIT: 2 STD.

## FÜR DEN SCHOKO-BISKUIT
100 g gemahlene Mandeln
80 g Puderzucker
3 Eier (Größe S) und 1 Eiweiß (Größe L)
42 g Butter und etwas Butter für die Backrahmen
40 g Schokoladenkonzentrat (z. B. Valrhona Coeur de guanaja) oder dunkle Kuvertüre
20 g Zucker

## FÜR DIE TONKA-CREME
1 ½ Blatt Gelatine Gold
150 g Sahne, 150 ml Milch
1 Tonkabohne
3 Eigelb (Größe L)
50 g Zucker
240 g frische Himbeeren

## FÜR DIE SCHOKO-GANACHE
505 g kalte Sahne
20 g Glucose (Patisserie-Bedarf)
20 g Invertzucker, 1 Tonkabohne
155 g dunkle Kuvertüre (z. B. Valrhona Illanka)

## FÜR DIE SCHOKO-MOUSSE
1 ½ Blatt Gelatine Gold
340 g Sahne, 170 ml Milch
230 g dunkle Kuvertüre (z. B. Valrhona Illanka)

## ZUM GARNIEREN UND ANRICHTEN
500 g dunkle Kuvertüre (z. B. Valrhona Illanka)
einige frische Himbeeren
nach Belieben einige Schokoladenspäne
etwas Kakaopulver zum Bestäuben

## SCHOKO-BISKUIT

Gemahlene Mandeln, gesiebten Puderzucker und Eier in einer Küchenmaschine mit Schneebesen oder mit einem Handrührgerät verrühren. Butter in einem Topf zerlassen und in eine Schüssel geben. Schokoladenkonzentrat oder Kuvertüre in einem Wasserbad auf 40 °C erhitzen (mit einem Küchenthermometer kontrollieren). Zur zerlassenen Butter geben, alles mit einem Schneebesen verrühren und unter die Mandelmischung heben. Eiweiß in einer Schüssel steif schlagen und Zucker untermischen. Eischnee unter den Teig heben. Backofen auf 210 °C vorheizen. Zwei gefettete quadratische Backrahmen (18 Zentimeter Seitenlänge, 3,5 Zentimeter Höhe) auf ein mit Backpapier belegtes Backblech setzen. Je 230 Gramm Biskuitmasse hineingeben und mit einer Winkelpalette glatt streichen. Ofentemperatur auf 180 °C reduzieren und Biskuitmasse im vorgeheizten Backofen etwa 15 Minuten backen. Herausnehmen und auf einem Kuchengitter abkühlen lassen.

## TONKA-CREME

Gelatine 20 Minuten vor der Verwendung in einer Schüssel mit kaltem Wasser einweichen. Sahne und Milch in einem Topf unter Rühren zum Kochen bringen. Vom Herd nehmen und Tonkabohne hineinreiben. Zugedeckt etwa 15 Minuten ziehen lassen und durch ein feines Sieb in eine Schüssel streichen. Eigelb und Zucker in einer Schüssel schaumig schlagen. Unter Rühren ein Drittel der heißen Sahnemischung zugeben. Alles in den Topf zur restlichen Sahnemischung geben und bei mittlerer Hitze unter ständigem Rühren erwärmen. Creme etwa 5 Minuten erhitzen, bis sie leicht eindickt, heller wird und eine Temperatur von 85 °C erreicht. Für die Garprobe einen Löffel in die Creme tauchen und eine Linie ziehen. Bleibt die Linie, ist die Creme fertig. Creme sofort durch ein feines Sieb in eine hitzebeständige Schüssel streichen, Gelatine ausdrücken, zugeben und alles mit einem Stabmixer glatt rühren. Je 300 Gramm Tonka-Creme auf die Biskuitböden in die Backrahmen geben. Himbeeren waschen, verlesen und trocken tupfen. Auf der Tonka-Creme verteilen und mindestens 1 Stunde ins Gefrierfach stellen.

## SCHOKO-GANACHE

170 Gramm Sahne, Glucose und Invertzucker in einem Topf unter Rühren zum Kochen bringen, vom Herd nehmen, Tonkabohne hineinreiben und unterrühren. Zugedeckt 15 Minuten ziehen lassen. Kuvertüre zerkleinern, in eine hitzebeständige Schüssel geben und etwas heiße Sahnemischung durch ein feines Sieb langsam zur Kuvertüre geben. Von der Mitte aus verrühren, bis die Creme glänzend und elastisch ist. Weiterrühren und dabei nach und nach restliche Sahnemischung zugeben. Mit einem Stabmixer glatt rühren, restliche Sahne untermischen und Creme kühl stellen.

## SCHOKO-MOUSSE

Gelatine 20 Minuten vor der Verwendung in einer Schüssel mit kaltem Wasser einweichen. Sahne in einer Küchenmaschine mit Schneebesen oder mit einem Handrührgerät steif schlagen. Milch in einem Topf unter Rühren zum Kochen bringen. Gelatine ausdrücken und unterrühren. Kuvertüre zerkleinern und in eine hitzebeständige Schüssel geben. Ein Drittel der heißen Milch zur Kuvertüre geben und mit einem Schneebesen zu einer glatten, elastischen, glänzenden Creme verrühren. Restliche Milch unter Rühren zugeben. Hat die Mischung eine Temperatur von 35 bis 40 °C erreicht, Sahne unterheben.

## GARNIEREN UND ANRICHTEN

Backrahmen aus dem Kühlschrank nehmen und Desserts aus den Rahmen lösen. Schoko-Mousse darüber verteilen und mit einer Winkelpalette glatt streichen. Schoko-Ganache in einer Küchenmaschine mit Rührblatt oder mit einem Handrührgerät locker und luftig aufschlagen, in einen Spritzbeutel mit Saint-Honoré-Tülle füllen und wellenförmig auf die Oberseite der Desserts aufspritzen. Kuvertüre in einem Wasserbad zum Schmelzen bringen und in einer dünnen Schicht auf einem Bogen Backpapier verstreichen. Sobald die Schokolade fest zu werden beginnt, in acht 4 Zentimeter breite und 19 Zentimeter lange Streifen schneiden und fest werden lassen. Schokoladenstreifen vom Backpapier lösen, auf einer Seite leicht mit einer Metallbürste strukturieren und Ränder der Desserts damit verzieren. Himbeeren waschen, verlesen und trocken tupfen. Desserts mit Himbeeren und nach Belieben einigen Schokoladenspänen garnieren (alternativ mit Flöckchen aus Schoko-Ganache verzieren). Mit Kakaopulver bestäuben und entweder beide Desserts sofort servieren oder nur ein Dessert sofort servieren und das zweite bis zum Servieren im Gefrierfach aufbewahren.

# LIMETTEN-HIMBEER-MILLE-FEUILLE

FÜR 6 PERSONEN
ZUBEREITUNG: 1 STD.
KÜHLZEIT: 2 STD.
GARZEIT: 50 MIN.

## FÜR DEN BLÄTTERTEIG
600 g Blätterteig (siehe Rezept auf S. 110)
etwas Zucker zum Bestreuen
etwas Puderzucker zum Bestäuben

## FÜR DIE VANILLE-KONDITORCREME
400 ml Milch, 100 g Zucker
½ Vanilleschote, 3 Eigelb (Größe L)
35 g Vanillepuddingpulver
16 g Butter

## FÜR DIE LIMETTENCREME
100 g Butter
Saft und fein abgeriebene Schale von
1 unbehandelten Limette
600 g Vanille-Konditorcreme, 150 g Sahne

## ZUM GARNIEREN UND ANRICHTEN
125 g frische Himbeeren

## BLÄTTERTEIG
Blätterteig wie im Rezept auf S. 110 beschrieben zubereiten und 2 Millimeter dick ausrollen. Drei Quadrate mit 23 Zentimeter Seitenlänge ausschneiden und mit einer Gabel einstechen. Teigquadrate auf ein mit Backpapier belegtes Backblech legen und 2 Stunden kühl stellen.
Backofen auf 210 °C vorheizen. Blätterteig leicht mit Zucker bestreuen, in den Ofen schieben, Ofentemperatur auf 170 °C reduzieren und im vorgeheizten Backofen backen. Nach 10 Minuten Backzeit Teig mit einem Gitterrost beschweren und etwa 20 Minuten weiterbacken. Backblech drehen und Teig etwa 10 Minuten weiterbacken. Herausnehmen und Backofen auf 240 °C vorheizen. Blätterteigquadrate umdrehen, sodass die glatte Seite oben liegt. Teig mit Puderzucker bestäuben und einige Minuten im vorgeheizten Backofen backen, bis der Zucker karamellisiert. (Vorsicht, der Zucker karamellisiert sehr schnell! Drehen Sie, wenn nötig, das Backblech, um ein gleichmäßiges Ergebnis zu erhalten.)
Herausnehmen und Teigquadrate auf 20 Zentimeter Seitenlänge zuschneiden. Bis zur Verwendung im ausgeschalteten Backofen ruhen lassen.

## VANILLE-KONDITORCREME
Milch, Hälfte des Zuckers und aufgeschnittene Vanilleschote mit dem herausgekratzten Mark in einem Topf unter Rühren zum Kochen bringen. Vanilleschote herausnehmen. Restlichen Zucker und Eigelbe in einer hitzebeständigen Schüssel schaumig schlagen. Vanillepuddingpulver zugeben und alles gut vermischen. Ein Drittel der kochenden Vanillemilch zugießen und unterrühren. Mischung in den Topf zur restlichen Vanillemilch geben und alles unter Rühren zum Kochen bringen. Vom Herd nehmen, Butter untermischen und Creme zum Abkühlen ins Gefrierfach stellen.

## LIMETTENCREME
Butter kurz in der Mikrowelle erhitzen. Weiche Butter, Limettensaft und -abrieb in einer Küchenmaschine mit Schneebesen oder mit einem Handrührgerät mischen, bis die Butter hell und luftig ist. Vanille-Konditorcreme mit einem Schneebesen glatt rühren. Ein Drittel der Creme zur Buttermischung geben und bei hoher Geschwindigkeit glatt rühren. Restliche Vanille-Konditorcreme zugeben und glatt rühren. Kalte Sahne steif schlagen. Hat die Creme eine homogene Konsistenz erreicht, Sahne mit einem Teigspatel unterheben. Creme in einen Spritzbeutel mit Tülle Nr. 20 geben.

## GARNIEREN UND ANRICHTEN
Himbeeren waschen, verlesen und trocken tupfen. Erstes Blätterteigquadrat auf einen Teller legen. Mit etwas Limettencreme bestreichen, dabei einen Rand frei lassen und mit Himbeeren garnieren. Das zweite Blätterteigquadrat daraufsetzen. Eine zweite Schicht Limettencreme darauf verstreichen, restliche Limettencreme in einen Spritzbeutel füllen und Rand mit großen Tupfen aus Limettencreme verzieren. Mit dem letzten Blätterteigquadrat abschließen und sofort servieren.

# HIMBEER- ANIS- WINDBEUTEL

FÜR CA. 15 WINDBEUTEL
ZUBEREITUNG: 1 STD. 10 MIN.
KÜHLZEIT: 20 MIN.
GARZEIT: 45 MIN.

## FÜR DIE ANIS-MASCARPONE-CREME
360 g Mascarpone, 65 g Puderzucker
1 Msp. Anispulver, 290 g Sahne

## FÜR DEN BRANDTEIG
100 ml Milch, 100 ml Wasser
4 g feines Salz
4 g Zucker, 90 g Butter
110 g Mehl, 3 Eier (Größe M)

## FÜR DEN STREUSELTEIG
100 g Butter, 115 g brauner Zucker
20 g gemahlene Haselnüsse
85 g Mehl

## FÜR DIE VANILLE-KONDITORCREME
400 ml Milch, 100 g Zucker
½ Vanilleschote, 3 Eigelb (Größe L)
35 g Vanillepuddingpulver
16 g Butter

## ZUM GARNIEREN UND ANRICHTEN
250 g frische Himbeeren
etwas Puderzucker zum Bestäuben

## ANIS-MASCARPONE-CREME
Kalten Mascarpone in einer Küchenmaschine mit Schneebesen oder mit einem Handrührgerät cremig rühren, gesiebten Puderzucker und Anispulver zufügen, nach und nach kalte Sahne zugießen und zu einer festen Creme aufschlagen. Kühl stellen.

## BRANDTEIG
Brandteig wie im Rezept auf S. 143 beschrieben zubereiten, in einen Spritzbeutel mit Lochtülle Nr. 10 füllen und 15 Windbeutel mit 4,5 Zentimeter Durchmesser auf ein mit Backpapier belegtes Backblech spritzen.

## STREUSELTEIG
Butter in einer Küchenmaschine mit Rührblatt oder mit einem Handrührgerät weich kneten. Restliche Zutaten nacheinander zufügen und kurz untermischen. Mit Frischhaltefolie bedecken und mindestens 20 Minuten kühl stellen.
Streuselteig zwischen zwei Bögen Backpapier dünn ausrollen. 20 Minuten im Gefrierfach ruhen lassen und 15 Kreise mit einem Durchmesser von 4,5 Zentimeter ausstechen. Backofen auf 240 °C (Umluft) vorheizen und Teigkreise auf den rohen Brandteig setzen. 15 Minuten im vorgeheizten Backofen backen. Sind die Windbeutel aufgegangen, Temperatur auf 170 °C reduzieren und Windbeutel in 20 Minuten fertig backen. Auf einem Kuchengitter abkühlen lassen.

## VANILLE-KONDITORCREME
Milch, Hälfte des Zuckers und aufgeschnittene Vanilleschote mit dem herausgekratzten Mark in einem Topf unter Rühren zum Kochen bringen. Vanilleschote herausnehmen. Restlichen Zucker und Eigelbe in einer Schüssel schaumig schlagen. Vanillepuddingpulver zugeben und alles gut mischen. Ein Drittel der kochenden Vanillemilch zugießen, Mischung in den Topf zur restlichen Vanillemilch geben und unter Rühren zum Kochen bringen. Vom Herd nehmen, Butter untermischen und Creme zum Abkühlen ins Gefrierfach stellen.

## GARNIEREN UND ANRICHTEN
Anis-Mascarpone-Creme in einen Spritzbeutel mit Sterntülle füllen. Himbeeren waschen, verlesen und trocken tupfen. Von den Windbeuteln einen Deckel abschneiden und Gebäck mit Vanille-Konditorcreme füllen. Himbeeren um die Creme anrichten und eine Rosette aus Anis-Mascarpone-Creme in die Mitte setzen. Deckel daraufsetzen und mit Puderzucker bestäubt servieren.

# PIZZA MIT HIMBEEREN UND GRAND MARNIER

FÜR 4 PERSONEN
ZUBEREITUNG: 10 MIN.
GARZEIT: 20 MIN.

250 g Pizzateig (Fertigprodukt)
250 g Mascarpone
3 Pfirsiche
125 g Himbeeren
1 unbehandelte Orange
etwas Grand Marnier zum Beträufeln

Backofen auf 210 °C vorheizen. Teig kreisförmig ausrollen und auf ein mit Backpapier belegtes Backblech legen.

Mascarpone in einer Schüssel verrühren und auf dem Teig verstreichen.

Pfirsiche waschen, trocken tupfen, entkernen und vierteln. Himbeeren waschen, verlesen und trocken tupfen.

Pfirsichviertel und Himbeeren auf der Pizza verteilen.

Orange waschen und trocken tupfen. Schale abschneiden, in Streifen schneiden (Fruchtfleisch anderweitig verwenden) und auf der Pizza verteilen. Pizza etwa 15 bis 20 Minuten im vorgeheizten Backofen goldbraun backen.

Herausnehmen, mit Grand Marnier beträufeln, mithilfe eines Flambierbrenners flambieren und sofort servieren.

# MOHN-TÖRTCHEN

FÜR 6 TÖRTCHEN
ZUBEREITUNG:
1 STD. AM VORTAG
20 MIN. AM SERVIERTAG
KÜHLZEIT: 2–3 STD.
GARZEIT: 40 MIN.

## FÜR DEN MÜRBETEIG
AM VORTAG ZUBEREITEN
120 g Butter und etwas Butter für die Formen
75 g Puderzucker
25 g gemahlene Mandeln
1 Prise Fleur de Sel, 2 Eier (Größe S)
200 g Mehl (Type 550)
ggf. getrocknete Hülsenfrüchte zum Blindbacken

## FÜR DEN BISKUIT
AM VORTAG ZUBEREITEN
4 Eier (Größe M), 90 g Zucker
45 g Mehl, 45 g Kartoffelstärke

## FÜR DEN MOHNSIRUP
AM VORTAG ZUBEREITEN
250 ml Wasser, 50 g Zucker
25 g Mohnsirup (französisches Feinkostgeschäft)

## FÜR DIE VANILLE-GANACHE
AM VORTAG ZUBEREITEN
250 g Sahne, ½ Vanilleschote
250 g weiße Kuvertüre (z. B. Valrhona Ivoire)

## FÜR DIE MOHN-MASCARPONE-CREME
1 Blatt Gelatine
60 g Mohnsirup (französisches Feinkostgeschäft)
270 g Mascarpone, 40 g Puderzucker
230 g Sahne

## ZUM GARNIEREN UND ANRICHTEN
100 g weiße Schokolade
125 g frische Himbeeren
einige Mohnblumenbonbons (französisches Feinkostgeschäft) oder Himbeerbonbons

## MÜRBETEIG

Alle Zutaten mit Ausnahme der Butter sollten sehr kalt verarbeitet werden.

Butter in einer Schüssel weich kneten und nacheinander Puderzucker, gemahlene Mandeln, Fleur de Sel, Eier und Mehl untermischen. Dabei den Teig nicht zu stark kneten, damit er schön sandig bleibt. Mit Frischhaltefolie abdecken und 1 bis 2 Stunden kühl stellen.

Kalten Teig 2,5 Millimeter dick ausrollen, sechs Kreise mit einem Durchmesser von 8 Zentimetern ausstechen und sechs gefettete Tartelette-Formen (7 Zentimeter Durchmesser) damit auslegen. Etwa 1 Stunde kühl stellen.

Backofen auf 180 °C vorheizen. Tartelette-Böden mit Kreisen aus Backpapier belegen und mit Backperlen oder getrockneten Hülsenfrüchten beschweren. 10 bis 15 Minuten im vorgeheizten Backofen backen. Backperlen oder Hülsenfrüchte und Backpapier entfernen und Teigböden etwa 20 Minuten weiterbacken, bis sie gleichmäßig goldbraun sind.

## BISKUIT

Eier trennen. Eigelbe und Hälfte des Zuckers in einer Küchenmaschine mit Schneebesen oder mit einem Handrührgerät zu einer glatten, homogenen Masse verrühren, die wie ein Band vom Schneebesen herabläuft.

Eiweiße steif schlagen, dabei nach und nach restlichen Zucker zugeben. Mehl und Stärke in eine Schüssel sieben und mischen.

Eigelbmischung mit einem Teigspatel vorsichtig mit Eischnee und gesiebten trockenen Zutaten mischen.

Backofen auf 200 °C vorheizen. Biskuitmasse in einen Spritzbeutel mit Tülle Nr. 8 füllen und spiralförmig in sechs Kreisen mit 7 Zentimeter Durchmesser auf ein mit Backpapier belegtes Backblech spritzen.

5 bis 6 Minuten im vorgeheizten Backofen backen, herausnehmen und auf einem Kuchengitter abkühlen lassen.

## MOHNSIRUP

Wasser und Zucker in einem Topf unter Rühren zum Kochen bringen und Mohnsirup unterrühren. Bei Raumtemperatur abkühlen lassen.

## VANILLE-GANACHE

Sahne und aufgeschnittene Vanilleschote mit dem herausgekratzten Mark in einem Topf unter Rühren zum Kochen bringen. Herd ausschalten und Mischung zugedeckt 30 Minuten ziehen lassen. Vanilleschote vorsichtig mit einer Gabel herausnehmen. Nochmals unter Rühren zum Kochen bringen und Creme durch ein feines Sieb in eine Schüssel streichen.

Kuvertüre in einem Wasserbad unter Rühren zum Schmelzen bringen. Heiße Vanillesahne portionsweise zugeben und unterrühren. Mischung mit einem Stabmixer zu einer glatten, homogenen Ganache verarbeiten.

## MOHN-MASCARPONE-CREME

Gelatine 20 Minuten vor der Verwendung in einer Schüssel mit kaltem Wasser einweichen.

Gelatine in einem Topf erwämen und unter Rühren im Mohnsirup auflösen. Alles durch ein feines Sieb in eine Schüssel streichen. Vollständig abkühlen lassen. Kalten Mascarpone in einer Küchenmaschine mit Schneebesen oder mit einem Handrührgerät verrühren, gesiebten Puderzucker zufügen, nach und nach Sirup-Mischung sowie kalte Sahne zugießen und alles zu einer festen Creme aufschlagen. Kühl stellen.

## GARNIEREN UND ANRICHTEN

Weiße Schokolade in einem Wasserbad zum Schmelzen bringen und Mürbeteigböden mithilfe eines Backpinsels damit bestreichen. Biskuitböden mit Mohnsirup tränken und jeweils auf die Mürbeteigböden legen. Vanille-Ganache jeweils darübergeben und glatt streichen. Über Nacht im Kühlschrank fest werden lassen.

Mohn-Mascarpone-Creme in einen Spritzbeutel mit Tülle Nr. 20 füllen und damit jeweils eine Creme-Rosette in die Mitte der Törtchen spritzen. Himbeeren waschen, verlesen, trocken tupfen und längs halbieren. Törtchen rundherum mit Himbeeren garnieren. Bonbons in einen Frischhaltebeutel geben, mit einem Teigroller zerkleinern und Törtchen mit Bonbonsplittern garniert servieren.

# SCHOKO-HIMBEER-TÖRTCHEN

FÜR 2 TÖRTCHEN
FÜR 6 PERSONEN
ZUBEREITUNG: 1 STD.
GARZEIT: 30 MIN.
RUHEZEIT: 20 MIN.
KÜHLZEIT: 6 STD.
GEFRIERZEIT: 2 STD.

## FÜR DEN SACHER-BISKUIT
1 Ei (Größe S), 3 Eigelb (Größe M) und
4 Eiweiß (Größe S)
100 g Marzipan
30 g Butter und etwas Butter für die
Tortenringe
30 g Mehl
30 g Kakaopulver
36 g Zucker

## FÜR DIE HIMBEER-SCHOKO-CREME
1 Blatt Gelatine Gold
70 g Sahne
70 ml Milch
190 g Himbeerpüree
2 Eigelb (Größe S)
15 g Zucker
165 g dunkle Kuvertüre (z. B. Valrhona Manjari)

## FÜR DIE SCHOKO-MOUSSE
460 g Sahne
100 ml Milch
2 Eigelb (Größe M)
20 g Zucker
300 g dunkle Kuvertüre (z. B. Valrhona Manjari)

## FÜR DIE GLASUR
260 g Sahne
380 g neutrale Glasur (z. B. Valrhona Nappage absolu)
500 g Zucker
100 g Sorbit (Apotheke)
36 g Gelatinepulver 200 Bloom (Patisserie-Bedarf)
176 ml Wasser
100 g Kakaobutter
450 g Glucose (Patisserie-Bedarf)
etwas himbeerrote Lebensmittelfarbe

## ZUM GARNIEREN UND ANRICHTEN
einige frische Himbeeren
etwas Puderzucker zum Bestäuben

## SACHER-BISKUIT

Ei und Eigelbe in einer Küchenmaschine oder mit einem Handrührgerät verrühren und ein Drittel der Mischung mit Marzipan in eine Schüssel geben. Nach und nach restliche Mischung zugeben und alles hell und schaumig rühren. Butter in einem kleinen Topf zerlassen. Gesiebtes Mehl und Kakaopulver zur Marzipanmischung geben und zerlassene, noch lauwarme Butter unterrühren. Eiweiße in einer Schüssel mit dem Zucker vermischen, steif schlagen und unter die Marzipanmischung heben.

Backofen auf 210 °C vorheizen. Zwei gefettete Tortenringe (16 Zentimeter Durchmesser) auf ein mit Backpapier belegtes Backblech setzen, je 150 Gramm Sacherbiskuitmasse hineingeben und glatt streichen. Biskuit in den Ofen schieben, Ofentemperatur auf 170 °C reduzieren und Biskuit etwa 15 Minuten im vorgeheizten Backofen backen.

Herausnehmen, auf einem Kuchengitter abkühlen lassen und kühl stellen.

## HIMBEER-SCHOKO-CREME

Gelatine 20 Minuten vor der Verwendung in einer Schüssel mit kaltem Wasser einweichen.

Sahne, Milch und Himbeerpüree in einem Topf unter Rühren zum Kochen bringen.

In einer hitzebeständigen Schüssel Eigelb und Zucker schaumig schlagen. Unter ständigem Rühren nach und nach ein Drittel der heißen Flüssigkeit zugeben. Alles in den Topf zur restlichen Flüssigkeit geben und bei mittlerer Hitze unter ständigem Rühren erwärmen.

Creme unter Rühren etwa 5 Minuten erhitzen, bis sie leicht eindickt, heller wird und eine Temperatur von 85 °C erreicht hat (mit einem Küchenthermometer kontrollieren). Für die Garprobe einen Spatel oder Löffel in die Creme tauchen und eine Linie in die Creme ziehen. Bleibt die Linie, ist die Creme fertig.

Kuvertüre in einem Wasserbad zum Schmelzen bringen. Creme sofort durch ein feines Sieb in eine Schüssel streichen, portionsweise zur geschmolzenen Kuvertüre geben und unterrühren. Gelatine ausdrücken, zugeben und alles mit einem Stabmixer glatt rühren. Je 250 Gramm Creme auf den abgekühlten Sacherbiskuitböden verstreichen und mindestens 6 Stunden im Kühlschrank fest werden lassen.

## SCHOKO-MOUSSE

100 Gramm Sahne und Milch in einem Topf unter Rühren zum Kochen bringen.

Eigelbe und Zucker in einer hitzebeständigen Schüssel schaumig schlagen und ein Drittel der heißen Sahnemischung zugeben. Mischung in den Topf zur restlichen Sahnemischung geben und bei mittlerer Hitze unter ständigem Rühren auf 82 °C erhitzen.

Creme durch ein feines Sieb in eine hitzebeständige Schüssel streichen und mit einem Stabmixer glatt rühren. Kuvertüre in einem Wasserbad unter Rühren auf 40 bis 50 °C erhitzen und unterrühren. Restliche Sahne steif schlagen und vorsichtig mit einem Teigschaber unter die Schokoladenmasse heben.

Schoko-Mousse auf die Himbeer-Schoko-Creme geben und mit einer Winkelpalette glatt streichen. Desserts sofort mindestens 2 Stunden ins Gefrierfach stellen.

## GLASUR

Sahne und neutrale Glasur in einem Topf unter Rühren auf 40 °C erwärmen. Zucker zugeben, alles vermischen und Sorbit unterrühren. Vom Herd nehmen und 20 Minuten ruhen lassen. Gelatine im Wasser auflösen.

Zur Sahnemischung geben und alles unter Rühren zum Kochen bringen. Kakaobutter in einem Topf erhitzen und zum Schmelzen bringen. Geschmolzene Kakaobutter und kalte Glucose zur Sahnemischung geben. Alles sofort mit einem Stabmixer glatt rühren und Lebensmittelfarbe unterrühren.

## GARNIEREN UND ANRICHTEN

Desserts aus dem Gefrierfach nehmen, aus den Tortenringen lösen und mithilfe einer Palette mit der Glasur überziehen. Bis zum Servieren kühl stellen. Himbeeren waschen, verlesen, trocken tupfen und mit Puderzucker bestäuben. Desserts mit Himbeeren garnieren und servieren.

# HIMBEER-PÄCKCHEN

FÜR 4 PERSONEN
ZUBEREITUNG: 10 MIN.
GARZEIT: 10 MIN.

1 Vanilleschote
500 g Himbeeren
1 unbehandelte Limette
1 unbehandelte Orange
4 kleine Zimtstangen
250 g Vanilleeis (siehe Rezept auf S. 156)

Backofen auf 200 °C vorheizen. Aus Alufolie vier Rechtecke von 20 × 30 Zentimeter Seitenlänge ausschneiden. Vanilleschote längs halbieren und Hälften quer halbieren.

Himbeeren waschen, verlesen, trocken tupfen und auf die Alufolienstücke verteilen.

Limette und Orange waschen und trocken reiben. Schalen abschälen und in Streifen schneiden. Limetten- und Orangenschalenstreifen über die Himbeeren geben. Je 1 Stück Vanilleschote und 1 Zimtstange zugeben und mit einigen Tropfen Wasser bespritzen.

Ränder der Alufolienstücke einschlagen und zusammenfalten. Verschlossene Himbeerpäckchen 8 bis 10 Minuten im vorgeheizten Backofen backen. Sie sind fertig, wenn sich die Päckchen leicht aufwölben. Päckchen öffnen und Desserts mit je 1 Kugel Vanilleeis servieren.

# FONTAINEBLEAU MIT FRÜCHTEN

FÜR 4 PERSONEN
ZUBEREITUNG: 20 MIN.

## FÜR DAS HIMBEER-COULIS
100 g Himbeeren oder andere rote Früchte der Saison
10 g Zucker

## FÜR DIE GEMISCHTEN ROTEN FRÜCHTE
500 g Erdbeeren, 100 g Himbeeren
50 g Rote Johannisbeeren, 50 g Heidelbeeren

## ZUM GARNIEREN UND ANRICHTEN
480 g Fontainebleau (französischer Sahnefrischkäse) oder anderer Sahnefrischkäse

## HIMBEER-COULIS
Himbeeren waschen, verlesen, trocken tupfen und in einer Schüssel mit dem Zucker verrühren. Durch ein feines Sieb in eine Schüssel streichen und bis zur Verwendung kühl stellen.

## GEMISCHTE ROTE FRÜCHTE
Beeren waschen, verlesen und trocken tupfen. Erdbeeren von den Stielansätzen befreien und je nach Größe längs halbieren oder vierteln. Johannisbeeren von den Rispen streifen. Alle Früchte in einer Schüssel mischen.

## GARNIEREN UND ANRICHTEN
Früchte auf Dessertgläser oder tiefe Teller verteilen, etwas Himbeer-Coulis darübergeben und Fontainebleau oder anderen Sahnefrischkäse daraufsetzen. Sofort sehr kalt servieren.

## ZUR GESCHICHTE
Durch seine gehaltvollen Inhaltsstoffe schlägt der Fontainebleau mit einigen Kalorien zu Buche. Besonders hervorzuheben ist dabei sein Fettanteil von 60 %. »Crème fraîche, und dann noch Sahne, nichts als Sahne«, beschweren sich seine Kritiker. Seine Entstehung geht auf einen Milch- und Käsehändler aus der Rue Grande im französischen Fontainebleau (Seine-et-Marne) zurück, der Ende des 18. Jahrhunderts lebte. Dieser entdeckte, dass sich an der Oberfläche der Milch, die in Kannen über das holprige Kopfsteinpflaster transportiert wurde, eine dünne Schicht luftiger, schaumiger Sahne bildete. Und so kam dem Händler die Idee, diesen Schaum zu »vermehren«, indem er ihn zusätzlich mit Luft versetzte, was für mehr Volumen sorgte. Der Legende nach war dies der Ursprung des Fontainebleau, der heute noch unter derselben Adresse hergestellt und, eingepackt in feines Mulltuch, in Töpfchen verkauft wird. Die Kunst bei der Herstellung des Fontainebleau besteht darin, die Sahne nur so lange steif zu schlagen, dass sie sich nicht in Butter verwandelt. Im Gegensatz zu Schlagsahne wird dabei kein Zucker zugefügt. Der Fontainebleau besteht nur aus naturbelassener Sahne und Luft. Deshalb ist er so fragil, dass er durch ein feines Tuch geschützt und sofort verzehrt werden sollte.

# MINI-HOCHZEITS-TORTEN

FÜR 6–8 PERSONEN
ZUBEREITUNG: 50 MIN.
GEFRIERZEIT: 1 STD.
GARZEIT: 30 MIN.

## FÜR DEN MARZIPANBISKUIT
375 g Marzipan, 5 Eier (Größe M)
12 ml Rum, 112 g Butter und etwas Butter
für den Backrahmen
90 g Mehl (Type 550), 3 g Backpulver
einige Mandelblättchen

## FÜR DIE HIMBEERFÜLLUNG
200 g Himbeerpüree, 40 g Zucker
4 g Pektin NH (Patisserie-Bedarf)
3 ml Zitronensaft
einige frische Himbeeren

## FÜR DIE ROSEN-MASCARPONE-CREME
1 ½ Blatt Gelatine, 90 g Rosensirup
400 g Mascarpone, 60 g Puderzucker
350 g Sahne

## ZUM GARNIEREN UND ANRICHTEN
6 bis 8 essbare Rosenblütenblätter

## MARZIPANBISKUIT
Für ein optimales Ergebnis sollten alle Zutaten auf Raumtemperatur gebracht werden. Marzipan und Eier in einer Küchenmaschine mit Rührblatt oder mit einem Handrührgerät vermischen. Glatt rühren und Rum zugeben. Rührblatt gegen einen Schneebesen austauschen und Mischung in 15 Minuten schaumig rühren.
Butter bei 50 °C in einem Topf zerlassen (mit einem Küchenthermometer kontrollieren), Mehl und Backpulver in eine Schüssel sieben. Etwas zerlassene Butter unter die Marzipanmischung rühren,

Mehlmischung zugeben und vorsichtig unterrühren. Restliche Butter zugeben und unterrühren. Backofen auf 160 °C vorheizen. Einen gefetteten quadratischen Backrahmen (20 Zentimeter Seitenlänge) auf ein mit Backpapier belegtes Backblech setzen, mit der Marzipanbiskuitmasse füllen und diese glatt streichen. Mit Mandelblättchen bestreuen und etwa 15 Minuten im vorgeheizten Backofen backen.
Herausnehmen und auf einem Kuchengitter abkühlen lassen. Aus dem Teig sechs bis acht Kreise mit 6 Zentimeter Durchmesser ausstechen und beiseitestellen.

## HIMBEERFÜLLUNG
Himbeerpüree und zwei Drittel des Zuckers in einem Topf unter Rühren auf 50 °C erhitzen. Restlichen Zucker und Pektin mischen und einrieseln lassen. Mischung unter Rühren zum Kochen bringen. Zitronensaft zugeben und alles vermischen. Füllung sofort in sechs bis acht Kuppel-Silikonformen (4 Zentimeter Durchmesser) geben. In jede Form eine gewaschene, trocken getupfte Himbeere setzen und Formen 1 Stunde ins Gefrierfach stellen.

## ROSEN-MASCARPONE-CREME
Gelatine 20 Minuten vor der Verwendung in einer Schüssel mit kaltem Wasser einweichen.
Gelatine in einem Topf erwärmen und unter Rühren im Rosensirup auflösen. Alles durch ein feines Sieb in eine Schüssel streichen. Vollständig abkühlen lassen. Kalten Mascarpone in einer Küchenmaschine mit Schneebesen oder mit einem Handrührgerät cremig rühren, gesiebten Puderzucker zufügen, nach und nach Rosensirup-Mischung sowie kalte Sahne zugießen und alles zu einer festen Creme aufschlagen. Kühl stellen.

## GARNIEREN UND ANRICHTEN
Rosen-Mascarpone-Creme in einen Spritzbeutel geben und sechs bis acht Hochzeitstorten-Silikonformen zu zwei Dritteln mit der Creme füllen. Hohlräume mit einer Palette schließen und jeweils Kuppeln aus gefrorener Himbeerfüllung in die Creme setzen.
Formen mit restlicher Rosen-Mascarpone-Creme füllen, glatt streichen und Marzipanbiskuitböden daraufsetzen.
Törtchen stürzen, aus den Formen lösen und jeweils mit Rosenblütenblättern verziert servieren.

# SAINT-HONORÉ-TORTE MIT HIMBEEREN

FÜR 6–8 PERSONEN
ZUBEREITUNG:
30 MIN. AM VORTAG
40 MIN. AM SERVIERTAG
KÜHLZEIT: 48 STD.
ZIEHZEIT: 30 MIN.
GARZEIT: 1 STD.

## FÜR DEN BLÄTTERTEIG
48 STD. IM VORAUS ZUBEREITEN
1 kg Mehl (Type 405) und etwas Mehl für die Arbeitsfläche
25 g feines Salz
850 g Butter
450 ml Wasser

## FÜR DEN BRANDTEIG
75 ml Milch
75 ml Wasser
3 g feines Salz
3 g Zucker
68 g Butter
83 g Mehl
2 Eier (Größe L)

## FÜR DIE HIMBEERFÜLLUNG
115 g Himbeerpüree
3 g Pektin NH (Patisserie-Bedarf)
20 g Zucker
20 g Glucose (Patisserie-Bedarf)
13 ml Zitronensaft

## FÜR DIE VANILLE-KONDITORCREME
200 ml Milch
½ Vanilleschote
2 Eigelb (Größe M)
50 g Zucker
17 g Vanillepuddingpulver
10 g Butter

## FÜR DIE LEICHTE KONDITORCREME
150 g sehr kalte Sahne
300 g Vanille-Konditorcreme

## FÜR DIE GESÜSSTE SCHLAGSAHNE
500 g Sahne (35 % Fett)
50 g Puderzucker

## FÜR DAS KARAMELL
100 ml Wasser
35 g Glucose (Patisserie-Bedarf)
250 g Zucker
etwas himbeerrote Lebensmittelfarbe

## ZUM GARNIEREN UND ANRICHTEN
50 g Himbeeren
einige Walderdbeeren

## BLÄTTERTEIG

Mehl, Salz und 150 Gramm in Würfel geschnittene Butter in einer Küchenmaschine mit Knethaken oder mit einem Handrührgerät mischen. Wasser zugeben und alles auf Stufe 1 zu einem homogenen Teig verkneten. Teig zu einer Kugel formen. Oberseite über Kreuz einschneiden, Teig in Frischhaltefolie wickeln und 3 Stunden kühl stellen.
Teig auf einer bemehlten Arbeitsfläche zu einem Rechteck flach drücken und zu einem Quadrat mit 30 Zentimeter Seitenlänge ausrollen, das in der Mitte etwas höher ist. Restliche Butter zu einem Quadrat von 15 bis 20 Zentimeter Seitenlänge ausrollen und in die Mitte des Teigquadrats setzen. Die vier Ecken des Teigs wie ein Briefkuvert über der Butter einschlagen. Teig zu einem etwa 1 Meter langen und 30 Zentimeter breiten Rechteck ausrollen. Das untere Drittel nach oben einschlagen, das obere Drittel darüberfalten. Das entstandene Teigquadrat in der Mitte übereinanderfalten. 2 Stunden kühl stellen. Den gesamten Vorgang fünfmal wiederholen. Teig über Nacht kühl stellen.
Am nächsten Tag 250 Gramm Blätterteig abwiegen (restlichen Blätterteig einfrieren) und auf einer bemehlten Arbeitsfläche zu einem Kreis mit 20 Zentimeter Durchmesser ausrollen. Auf eine Tortenplatte setzen und über Nacht kühl stellen.

## BRANDTEIG

Milch, Wasser, Salz, Zucker und Butter in einem Topf unter Rühren zum Kochen bringen. Vom Herd nehmen, gesiebtes Mehl auf einmal zugeben und alles kräftig verrühren. Topf wieder auf den Herd stellen und Mischung bei mittlerer Hitze 3 bis 4 Minuten unter Rühren kochen, bis sich der Teig vom Topfrand löst.
Teig in einer Küchenmaschine mit Rührblatt oder mit einem Handrührgerät bis zum Abkühlen einige Minuten kneten. Eier einzeln zugeben und untermischen. Brandteig in einen Spritzbeutel mit Lochtülle Nr. 10 füllen. Backofen auf 240 °C (Umluft) vorheizen.

Mit dem Spritzbeutel 25 Windbeutel auf ein mit Backpapier belegtes Backblech spritzen. Windbeutel etwa 15 Minuten im vorgeheizten Backofen backen. Sind die Windbeutel aufgegangen, Ofentemperatur auf 170 °C reduzieren und Windbeutel etwa 20 Minuten fertig backen.
Blätterteig aus dem Kühlschrank nehmen und auf ein mit Backpapier belegtes und mit etwas Wasser bestrichenes Backblech setzen. Mit einer Gabel mehrmals einstechen und 1 Stunde kühl stellen. Backofen auf 170 °C vorheizen. Eine Umrandung aus Brandteig auf den Blätterteigkreis spritzen, dabei einen 5 Millimeter breiten Rand frei lassen. Eine kleinere Brandteigspirale in die Mitte setzen und Teigboden im vorgeheizten Backofen etwa 40 Minuten backen.

## HIMBEERFÜLLUNG

Himbeerpüree in einem Topf unter Rühren auf 50 °C erhitzen (mit einem Küchenthermometer kontrollieren). Pektin mit der Hälfte des Zuckers mischen und zugeben. Alles unter Rühren zum Kochen bringen und restlichen Zucker unterrühren. Nochmals unter Rühren zum Kochen bringen und Glucose untermischen. Mischung auf 50 °C abkühlen lassen und Zitronensaft unterrühren. Vollständig abkühlen lassen und in einem luftdichten Gefäß kühl stellen.

## VANILLE-KONDITORCREME

Milch und aufgeschnittene Vanilleschote mit dem herausgekratzten Mark in einem Topf unter Rühren zum Kochen bringen. Eigelbe, Zucker und Vanillepuddingpulver in einer hitzebeständigen Schüssel schaumig schlagen. Vanilleschote aus der Vanillemilch nehmen und Vanillemilch nach und nach unter Rühren mit einem Schneebesen zur Eigelbmischung gießen. Mischung wieder in den Topf geben und unter ständigem Rühren zum Kochen bringen. Etwa 2 Minuten kochen lassen und Topf in eine Schüssel mit Eiswasser stellen. Sobald die Creme eine Temperatur von 60 °C erreicht hat, Butter untermischen. Creme abkühlen lassen, mit Frischhaltefolie luftdicht abdecken und kühl stellen.

## LEICHTE KONDITORCREME

Sahne in einer Schüssel steif schlagen. Vanille-Konditorcreme in einer weiteren Schüssel mit einem
Schneebesen glatt rühren. Mit dem Schneebesen
ein Drittel der Sahne untermischen und restliche
Sahne vorsichtig mithilfe eines Teigspatels unterheben. Creme in einen Spritzbeutel mit Tülle Nr.
10 füllen.

## GESÜSSTE SCHLAGSAHNE

Sahne und Puderzucker in einer Schüssel mischen
und steif schlagen. In einen Spritzbeutel mit Saint-
Honoré-Tülle füllen.

## KARAMELL

Wasser und Glucose in einen Topf geben. Zucker
und Lebensmittelfarbe unterrühren und alles
unter Rühren auf 170 °C erhitzen. Topf in eine
Schüssel mit Eiswasser stellen, um den Garprozess zu stoppen.

## GARNIEREN UND ANRICHTEN

Windbeutel mit etwas leichter Konditorcreme
füllen, dabei mit der Spritztülle ein Loch in die
Unterseite stechen. Oberseite der Windbeutel
vorsichtig in das heiße Karamell tauchen. Windbeutel nacheinander in runde Silikonformen von
passender Größe setzen, damit die Oberseite
eine gleichmäßig runde Form erhält, und abkühlen lassen.
Windbeutel aus den Formen lösen, kreisförmig
auf den Rand des Teigbodens setzen und mit
restlichem Karamell fixieren. Restliche leichte
Konditorcreme auf den Teigboden geben, mit
einem Spatel zu einer Kuppel formen und glatt
streichen.
Himbeerfüllung in einen Spritzbeutel mit Lochtülle
Nr. 8 füllen und spiralförmig auf die Konditorcreme
spritzen. Himbeeren waschen, verlesen und trocken tupfen und auf die Creme setzen. Torte mit
Blütenblättern aus gesüßter Schlagsahne verzieren und mit gewaschenen, trocken getupften
Walderdbeeren dekorieren. Bis zum Servieren
kühl stellen.

# BROMBEER-CRUMBLE

**FÜR 4 PERSONEN**
ZUBEREITUNG: 30 MIN.
KÜHLZEIT: 1 STD.
GARZEIT: 20 MIN.

## FÜR DEN STREUSELTEIG
50 g Butter
50 g brauner Zucker
50 g gemahlene Mandeln
2 Prisen Fleur de Sel
50 g Mehl

## FÜR DIE MANDELCREME
70 g Butter
80 g Puderzucker
5 g Maisstärke
80 g gemahlene Mandeln
1 Ei (Größe M)
1 Verschlusskappe brauner Rum
90 g Sahne

## ZUM GARNIEREN UND ANRICHTEN
etwas Butter und etwas brauner Zucker
für die Form
400 g Brombeeren

*Für die Mandelcreme Butter nur weich und nicht schaumig rühren. Ist sie zu luftig, geht die Creme beim Backen auf, fällt danach in sich zusammen und verformt sich.*

## STREUSELTEIG
Butter in einer Schüssel weich kneten und nacheinander braunen Zucker, gemahlene Mandeln, Fleur de Sel und Mehl untermischen. Dabei den Teig nicht zu stark kneten, damit er schön sandig bleibt. Mit Frischhaltefolie abdecken und 1 Stunde kühl stellen.

## MANDELCREME
Butter in Flöckchen in einer Küchenmaschine mit Rührblatt oder mit einem Handrührgerät weich rühren.
Puderzucker, Stärke und gemahlene Mandeln in eine Schüssel sieben und zur Butter geben. Ei unter Rühren zufügen und zusammen mit dem Rum unterrühren. Alles zu einer glatten, homogenen Creme vermischen und Sahne unterrühren.

## GARNIEREN UND ANRICHTEN
Backofen auf 180 °C vorheizen.
Eine gefettete und mit braunem Zucker bestreute flache Form mit 18 Zentimeter Durchmesser zu zwei Dritteln mit Mandelcreme füllen. Brombeeren waschen, verlesen und trocken tupfen. Einige Brombeeren zum Garnieren beiseitestellen. Restliche Brombeeren auf die Mandelcreme geben und Streuselteig gleichmäßig darauf verteilen. Crumble etwa 20 Minuten im vorgeheizten Backofen backen, bis er goldbraun ist. Mit beiseitegestellten Brombeeren garniert servieren.

# BROMBEER-GELEE

FÜR 5 GLÄSER
ZUBEREITUNG: 1 STD.
GARZEIT: 30 MIN.

1 kg Brombeeren
400 ml Wasser
700 g Gelierzucker
Saft von 1 Zitrone

Brombeeren waschen, verlesen und trocken tupfen. In einen großen Topf geben und Wasser zugießen.

Unter gelegentlichem Rühren etwa 30 Minuten sprudelnd kochen, bis die Beeren zerfallen.

Vom Herd nehmen und Brombeermasse durch ein sehr feines Sieb in einen Topf streichen, um die Kerne zu entfernen. Dabei die Masse kräftig durch das Sieb drücken, um möglichst viel Brombeersaft zu erhalten. Saft abwiegen und pro Kilo Saft 700 Gramm Gelierzucker und Saft von 1 Zitrone zugeben. Mischung etwa 20 Minuten unter Rühren kochen, dabei aufsteigenden Schaum gelegentlich mit einem Schaumlöffel abschöpfen.

Brombeergelee sofort in sterilisierte Gläser füllen, mit Deckeln verschließen und Gläser auf den Kopf stellen. Gelee bis zum vollständigen Abkühlen umgedreht ruhen lassen.

# BROMBEEREN MIT JOHAN-NISBEER-MACARONS

FÜR 6 PERSONEN
ZUBEREITUNG:
20 MIN. AM VORTAG
40 MIN. AM SERVIERTAG
KÜHLZEIT: 12 STD.
RUHEZEIT: 1 STD.
GARZEIT: 15 MIN.

---

FÜR DIE JOHANNISBEER-GANACHE
AM VORTAG ZUBEREITEN
140 g weiße Kuvertüre (z. B. Valrhona Ivoire)
150 g Schwarzes Johannisbeerpüree

---

FÜR DEN MACARON-BISKUIT
200 g gemahlene Mandeln
200 g Puderzucker, 10 Eiweiß (Größe L)
einige Tropfen violette Lebensmittelfarbe
200 g Zucker, 60 ml Wasser

---

FÜR DIE MASCARPONE-CREME
140 g Mascarpone, 25 g Puderzucker
110 g Sahne

---

ZUM GARNIEREN UND ANRICHTEN
250 g Brombeeren
500 ml Erdbeersaft (siehe Rezept auf S. 19)
einige essbare Lavendelblüten

## JOHANNISBEER-GANACHE
Kuvertüre unter Rühren in einem Wasserbad zum Schmelzen bringen. Johannisbeerpüree in einem kleinen Topf unter Rühren zum Kochen bringen und portionsweise zur geschmolzenen Kuvertüre geben. Mit einem Stabmixer glatt rühren und über Nacht kühl stellen.

## MACARON-BISKUIT
Gemahlene Mandeln und Puderzucker in einer Schüssel mischen und Hälfte der Eiweiße sowie Lebensmittelfarbe unterrühren.
Zucker und Wasser in einen Topf gegeben und unter Rühren auf 121 °C erhitzen (mit einem Küchenthermometer kontrollieren). Sobald der Sirup eine Temperatur von 115 °C erreicht hat, restliche Eiweiße in einer Küchenmaschine oder mit einem Handrührgerät steif schlagen. Rührgerät auf Stufe 2 schalten und heißen Zuckersirup unter ständigem Rühren langsam zum Eischnee geben. Baisermasse in einen Topf geben und etwa 2 Minuten unter schnellem Rühren erwärmen, bis die Mischung eine Temperatur von 50 °C erreicht hat. Vom Herd nehmen und bis zum vollständigen Abkühlen weiterrühren.
Baisermasse nach und nach zur Mandelmischung geben und unterheben, dabei darauf achten, dass die Masse nicht zusammenfällt. Biskuitmasse in einen Spritzbeutel mit Tülle Nr. 10 füllen und Kreise mit 3,5 Zentimeter Durchmesser auf ein mit Backpapier belegtes Backblech spritzen. Leicht gegen das Backblech klopfen, um die Oberfläche der Macarons zu glätten.
Macaron-Schalen etwa 1 Stunde trocknen lassen, sodass sich eine leichte Kruste bildet. Backofen auf 170 °C vorheizen und Macaron-Schalen im vorgeheizten Backofen etwa 11 Minuten backen. Herausnehmen und auf einem Kuchengitter abkühlen lassen.

## MASCARPONE-CREME
Kalten Mascarpone in einer Küchenmaschine mit Schneebesen oder mit einem Handrührgerät verrühren, gesiebten Puderzucker zufügen, nach und nach kalte Sahne zugießen und alles zu einer festen Creme aufschlagen. Kühl stellen.

## GARNIEREN UND ANRICHTEN
Macaron-Schalen vom Backpapier lösen. Johannisbeer-Ganache in einen Spritzbeutel mit Lochtülle füllen, 18 Macaron-Schalen damit füllen und zusammensetzen. (Restliche Macaron-Schalen entweder dazu servieren oder für ein anderes Rezept in einer Frischebox im Gefrierfach aufbewahren.) Brombeeren waschen, verlesen und trocken tupfen. Brombeeren und Erdbeersaft auf Schälchen verteilen und je drei Johannisbeer-Macarons daraufsetzen. Mascarpone-Creme in einen Spritzbeutel mit Tülle Nr. 11 füllen und drei Nocken Creme in jede Schüssel geben. Desserts mit essbaren Lavendelblüten garniert servieren.

# BROMBEER-
# ESSIG

FÜR ca. 1 LITER
ZUBEREITUNG: 15 MIN.
GARZEIT: 5 MIN.
ZIEHZEIT: 24 STD.

200 g Brombeeren
600 ml weißer Essig
32 ml Balsamico
150 g Rosensirup

Brombeeren waschen, verlesen, trocken tupfen und in eine große Schüssel geben.
Beide Essigsorten mischen, Hälfte der Mischung zum Kochen bringen und über die Brombeeren gießen.
Restlichen Essig und Rosensirup zugeben und Mischung 24 Stunden im Kühlschrank ziehen lassen.
Herausnehmen, mit einem Stabmixer glatt pürieren, durch ein feinmaschiges Sieb in eine Schüssel abseihen und mithilfe eines kleinen Trichters in eine gut verschließbare Flasche füllen.

# BROMBEER-TRÜFFELN

FÜR CA. 30 TRÜFFELN
ZUBEREITUNG: 30 MIN.
KÜHLZEIT: 18 STD. 30 MIN.
GARZEIT: 5 MIN.

## FÜR DIE BROMBEER-GANACHE
AM VORTAG ZUBEREITEN

35 g Butter
150 g dunkle Kuvertüre (z. B. Valrhona Manjari)
140 g Brombeerpüree
10 g Glucosesirup

## ZUM GARNIEREN UND ANRICHTEN

500 g dunkle Kuvertüre (z. B. Valrhona Manjari)
etwas bitteres Kakaopulver zum Wälzen

## BROMBEER-GANACHE

Butter mindestens 30 Minuten vor der Verarbeitung aus dem Kühlschrank nehmen.
Kuvertüre in der Mikrowelle oder in einem Wasserbad zum Schmelzen bringen. Brombeerpüree und Glucosesirup erhitzen, ein Drittel der Mischung zur geschmolzenen Kuvertüre geben und unterrühren. Vorgang mit den restlichen beiden Dritteln der Mischung wiederholen. Hat die Mischung eine Temperatur von 40 °C erreicht (mit einem Küchenthermometer kontrollieren), Butter zugeben.
Ganache mit einem Stabmixer glatt rühren und 6 Stunden im Kühlschrank ruhen lassen.

## GARNIEREN UND ANRICHTEN

Backblech mit einem Bogen Backpapier belegen. Einen Spritzbeutel mit Tülle Nr. 10 mit der kalten Brombeer-Ganache füllen, Ganache-Kugeln mit 3 Zentimeter Durchmesser auf das Backblech spritzen und über Nacht kühl stellen.
Am nächsten Tag Ganache-Kugeln mit den Händen zu perfekt runden Kugeln formen und nochmals kühl stellen.
Kuvertüre in der Mikrowelle oder in einem Wasserbad vorsichtig zum Schmelzen bringen, ohne dass die Temperatur dabei 45 °C übersteigt. Kakaopulver auf einen tiefen Teller geben. Ganache-Kugeln mit einer Pralinengabel oder einer Gabel nacheinander in die Kuvertüre tauchen. Überschüssige Kuvertüre abtropfen lassen und Trüffeln im Kakaopulver wälzen. 30 Minuten im Kühlschrank fest werden lassen. Trüffeln in ein Sieb geben, überschüssiges Kakaopulver abschütteln und servieren. Im Kühlschrank sind die Brombeer-Trüffeln etwa 10 Tage haltbar.

JOHANNIS-
— UND —
HEIDELBEEREN

# ARME RITTER MIT ROTEN BEEREN

FÜR 6–8 PERSONEN
ZUBEREITUNG: 20 MIN.
ZIEHZEIT: 10 MIN.
GARZEIT: 10 MIN.

## FÜR DIE ARMEN RITTER
800 g Sahne
1 Vanilleschote
8 Eigelb (Größe M)
160 g Zucker
400 g Brioche oder Kastenweißbrot
etwas Butter zum Braten
etwas Puderzucker zum Bestäuben

## FÜR DAS HIMBEER-COULIS
300 g Himbeerpüree
30 g Zucker

## ZUM GARNIEREN UND ANRICHTEN
125 g gemischte rote Früchte (z. B. Himbeeren, Brombeeren, Johannisbeeren, Heidelbeeren)
etwas Karamelleis

## ARME RITTER
Hälfte der Sahne und aufgeschnittene Vanilleschote mit dem herausgekratzten Mark in einem Topf unter Rühren zum Kochen bringen und 10 Minuten ziehen lassen. Vanilleschote vorsichtig mit einer Gabel herausnehmen.
Eigelb und Zucker in einer hitzebeständigen Schüssel schaumig schlagen. Vanillesahne durch ein Sieb zur Eigelbmischung geben. Alles verrühren und restliche Sahne unterrühren.
Brioche oder Kastenweißbrot in 2 Zentimeter dicke Scheiben schneiden und mit beiden Seiten einige Sekunden in die Mischung tauchen.
Butter in einer Pfanne zerlassen und Brioche- oder Weißbrotscheiben darin in einigen Minuten goldbraun braten. Kurz vor Garzeitende mit Puderzucker bestäuben und karamellisieren lassen.

## HIMBEER-COULIS
Himbeerpüree und Zucker in einem Topf unter Rühren leicht erwärmen.

## GARNIEREN UND ANRICHTEN
Früchte waschen, verlesen und trocken tupfen. Die noch warmen Brioche- oder Weißbrotscheiben auf tiefe Teller verteilen und jeweils eine Nocke Karamelleis daraufgeben. Himbeer-Coulis zugeben und sofort mit roten Früchten garniert servieren.

# TIRAMISU MIT ROTEN FRÜCHTEN

FÜR 6–8 PERSONEN
ZUBEREITUNG: 30 MIN.
GARZEIT: 10 MIN.
KÜHLZEIT: 2 STD.

### FÜR DEN BISKUIT
7 Eier (Größe M)
160 g Zucker
80 g Mehl (Type 405)
80 g Kartoffelstärke

### FÜR DEN HIMBEERSIRUP
100 g Himbeerpüree
50 ml Wasser

### FÜR DIE MASCARPONE-CREME
6 Eier (Größe M)
100 g Zucker
500 g Mascarpone
10 ml Amaretto

### ZUM GARNIEREN UND ANRICHTEN
400 g gemischte rote Früchte (z. B. Brombeeren, Johannisbeeren, Himbeeren, Heidelbeeren)
250 g Spekulatius

## BISKUIT
Eier trennen. Eigelbe und Hälfte des Zuckers in einer Küchenmaschine mit Schneebesen oder mit einem Handrührgerät zu einer glatten, homogenen Masse verrühren, die wie in einem Band vom Schneebesen herabläuft.
6 Eiweiße steif schlagen (restliches Eiweiß anderweitig verwenden), dabei nach und nach restlichen Zucker zugeben. Mehl und Stärke in eine Schüssel sieben und mischen.
Eigelbe mit einem Teigspatel vorsichtig mit Eischnee und gesiebten trockenen Zutaten mischen.
Backofen auf 200 °C (Umluft) vorheizen. Jeweils 320 Gramm Biskuitmasse auf zwei mit Backpapier belegten Backblechen verstreichen. Etwa 8 Minuten im vorgeheizten Backofen backen und auf einem Kuchengitter abkühlen lassen.

## HIMBEERSIRUP
Himbeerpüree und Wasser in einer Schüssel verrühren und beiseitestellen.

## MASCARPONE-CREME
Eier trennen. Eigelbe und Zucker in einer Küchenmaschine mit Schneebesen oder mit einem Handrührgerät schaumig schlagen.
Mascarpone in einer großen Schüssel aufschlagen und Amaretto unterrühren. Eigelbmischung zugeben und unterrühren. Eiweiße steif schlagen und sofort unterheben.

## GARNIEREN UND ANRICHTEN
Einen Biskuitboden auf die Größe einer Auflaufform zuschneiden, Form damit auslegen und großzügig mit Himbeersirup beträufeln.
Mit einer dünnen Schicht Mascarpone-Creme bestreichen und gewaschene, trocken getupfte Früchte darauf verteilen.
Eine zweite Schicht Mascarpone-Creme darübergeben, glatt streichen und zweiten zugeschnittenen Biskuitboden daraufsetzen. Mit restlichem Himbeersirup beträufeln und mit restlicher Mascarpone-Creme bestreichen. Spekulatius in einen Gefrierbeutel geben, mit einer Teigrolle zerkleinern und gleichmäßig über das Tiramisu geben. Bis zum Servieren mindestens 2 Stunden kühl stellen.

# SOMMER-LICHER ROTER OBSTSALAT

FÜR 6 PERSONEN
ZUBEREITUNG: 20 MIN.
ZIEHZEIT: 30 MIN.
GARZEIT: 5 MIN.

## FÜR DEN VANILLE-MINZE-SIRUP
1 l Wasser
200 g Zucker
1 Tahiti-Vanilleschote
6 Stängel Minze

## FÜR DEN OBSTSALAT
500 g Erdbeeren
100 g Himbeeren
50 g Rote Johannisbeeren
50 g Heidelbeeren

## ZUM GARNIEREN UND ANRICHTEN
einige frische Kirschen

## VANILLE-MINZE-SIRUP
Wasser, Zucker und aufgeschnittene Vanilleschote mit dem herausgekratzten Mark in einem Topf unter Rühren zum Kochen bringen. Vom Herd nehmen, gewaschene, trocken geschüttelte Minze zugeben und alles zugedeckt 30 Minuten ziehen lassen. Vanilleschote vorsichtig mit einer Gabel herausnehmen.
Abgekühlten Sirup durch ein feines Sieb in ein luftdichtes Gefäß füllen und kühl stellen.

## OBSTSALAT
Beeren waschen, verlesen und trocken tupfen. Erdbeeren von den Stielansätzen befreien und je nach Größe längs halbieren oder vierteln. Johannisbeeren von den Rispen zupfen. Alle Früchte in einer Schüssel mischen.

## GARNIEREN UND ANRICHTEN
Früchte auf große Dessertgläser oder Glasschälchen verteilen und mit Vanille-Minze-Sirup aufgießen. Desserts mit gewaschenen, trocken getupften Kirschen garnieren und servieren.
Tipp: Je nach Saison können Sie auch andere Früchte oder Kräuter verwenden, z. B. Zitronenverbene.

# ZITRONEN-KOKOS-TÖRTCHEN

FÜR 2 TÖRTCHEN
FÜR 6 PERSONEN
ZUBEREITUNG:
20 MIN. AM VORTAG
1 STD. AM SERVIERTAG
GARZEIT: 40 MIN.
KÜHLZEIT: 24 STD.
RUHEZEIT: 20 MIN.
GEFRIERZEIT: 3 STD.

## FÜR DIE ZITRONENCREME
24 STD. IM VORAUS ZUBEREITEN
130 g Zucker
abgeriebene Schale von 1 unbehandelten
Zitrone und 90 ml Zitronensaft
2 Eier (Größe M)
165 g Butter

## FÜR DEN KOKOS-BISKUIT
30 g Mehl
30 g gemahlene Mandeln
30 g Kokosraspel
70 g brauner Zucker
4 Eiweiß (Größe M)
70 g Zucker
etwas Butter für die Formen

## FÜR DIE KNUSPERFÜLLUNG
70 g Kokosraspel
60 g Vollmilchkuvertüre (z. B. Valrhona Jivara)
145 g Nugatcreme Mandel-Haselnuss
25 g Puffreis

## FÜR DIE FRÜCHTEFÜLLUNG
110 g Erdbeerpüree (z. B. Mara des Bois)
30 g Zucker
30 g Invertzucker
7 g Pektin NH (Patisserie-Bedarf)
275 g gemischte rote Früchte

## FÜR DAS ITALIENISCHE BAISER
200 g grober Kristallzucker
60 ml Wasser
4 Eiweiß (Größe M)

## FÜR DIE ZITRONENMOUSSE
5 ½ Blatt Gelatine
370 g Sahne
440 g Zitronencreme
76 ml Zitronensaft und fein abgeriebene Schale
von 2 unbehandelten Zitronen
100 g Italienisches Baiser

## FÜR DIE GLASUR
260 g Sahne
380 g neutrale Glasur (z. B. Valrhona Nappage
absolu)
500 g Zucker
100 g Sorbit (Apotheke)
36 g Gelatinepulver 200 Bloom (Patisserie-
Bedarf)
176 ml Wasser
100 g Kakaobutter
450 g Glucose (Patisserie-Bedarf)
etwas pistaziengrüne und zitronengelbe
Lebensmittelfarbe

## ZUM GARNIEREN UND ANRICHTEN
einige gemischte rote Früchte (z. B. Erdbeeren,
Johannisbeeren, Brombeeren, Heidelbeeren)

## ZITRONENCREME

Zucker und Zitronenabrieb in eine Schüssel geben und mit den Händen verreiben. Eier und Zitronensaft unterrühren. Mischung in einem Wasserbad unter gelegentlichem Rühren auf 83 bis 84 °C erhitzen. Durch ein Sieb in eine Schüssel streichen und auf 60 °C abkühlen lassen. Butter zugeben, alles kurz mit einem Schneebesen mischen und 10 Minuten in einem Standmixer glatt rühren, bis eine cremige Konsistenz erreicht ist. Mit Frischhaltefolie luftdicht abdecken und bis zur Verwendung 24 Stunden kühl stellen.

## KOKOS-BISKUIT

Mehl und gemahlene Mandeln in eine Schüssel sieben, Kokosraspel und braunen Zucker zugeben. Eiweiße in einer Küchenmaschine oder mit einem Handrührgerät steif schlagen, Zucker zugeben und unterrühren. Eischnee mit einem Teigspatel unter die Mehlmischung heben.
Backofen auf 210 °C vorheizen. Biskuitmasse in einen Spritzbeutel mit Tülle Nr. 12 füllen und spiralförmig in zwei gefettete Springformen (20 Zentimeter Durchmesser, 4,5 Zentimeter Höhe) spritzen. Ofentemperatur auf 180 °C reduzieren und Biskuitmasse etwa 15 Minuten im vorgeheizten Backofen backen. Herausnehmen und abkühlen lassen.

## KNUSPERFÜLLUNG

Kokosraspel in einer Pfanne ohne Fettzugabe rösten. Kuvertüre in einem Wasserbad bei 45 °C (mit einem Küchenthermometer kontrollieren) unter Rühren zum Schmelzen bringen. Nugatcreme und geschmolzene Kuvertüre in eine Schüssel geben und mit einem Handrührgerät verrühren. Geröstete Kokosraspel und Puffreis in einer Schüssel mischen. Kuvertüremischung zugeben und vorsichtig unterrühren. Mischung auf die abgekühlten Biskuitböden geben und kühl stellen.

## FRÜCHTEFÜLLUNG

Erdbeerpüree in einem Topf unter Rühren auf 50 °C erhitzen und zwei Drittel des Zuckers sowie Invertzucker zugeben. Restlichen Zucker und Pektin mischen und unterrühren. Alles unter Rühren zum Kochen bringen und gewaschene rote Früchte zugeben. Bei geringer Hitze unter Rühren bis zur gewünschten Konsistenz köcheln lassen. Für die Gelierprobe einige Tropfen der Füllung auf einen Teller geben und abkühlen lassen. Früchtefüllung in zwei mit Frischhaltefolie ausgelegte Tortenringe (18 Zentimeter Durchmesser) füllen, glatt streichen und ins Gefrierfach stellen.

## ITALIENISCHES BAISER

Zucker und Wasser in einem Topf verrühren und unter gelegentlichem Rühren auf 121 °C erhitzen. Sobald der Sirup eine Temperatur von 115 °C erreicht hat, Eiweiße steif schlagen.
Bei mittlerer Geschwindigkeit weiterrühren und heißen Zuckersirup in einem dünnen Strahl zugeben. Mit derselben Geschwindigkeit weiterrühren, bis die Baisermasse abgekühlt ist.
Tipp: Einen Teil der italienischen Baisermasse für die Zitronenmousse verwenden und aus dem Rest z. B. im Ofen getrocknete Baisers zubereiten.

## ZITRONENMOUSSE

Gelatine 20 Minuten vor der Verwendung in einer Schüssel mit kaltem Wasser einweichen. Sahne in einer Schüssel steif schlagen.
Gelatine ausdrücken, mit etwas Zitronencreme verrühren und mit Zitronensaft und -abrieb zur restlichen Zitronencreme geben. Erst italienische Baisermasse, dann steif geschlagene Sahne unterheben.

## ZUSAMMENFÜGEN

Biskuitböden mit der Knusperfüllung in zwei mit Tortenrandfolie ausgelegte Tortenringe (20 Zentimeter Durchmesser) setzen und bis zur Hälfte der Höhe mit Zitronenmousse bedecken.
In die Mitte jedes Törtchens einen Kreis aus gefrorener Früchtefüllung setzen. Restliche Zitronenmousse daraufgeben und mit einer Winkelpalette glatt streichen. Mindestens 3 Stunden ins Gefrierfach stellen.

## GLASUR

Sahne und neutrale Glasur in einem Topf unter Rühren auf 40 °C erwärmen. Zucker unterrühren und Sorbit untermengen. Vom Herd nehmen und 20 Minuten ruhen lassen. Gelatinepulver in eine Schüssel geben und im Wasser auflösen.
Zur Sahnemischung geben und unter Rühren zum Kochen bringen. Kakaobutter unter Rühren in einem Topf zum Schmelzen bringen und mit kalter Glucose unter die Sahnemischung rühren. Sofort mit einem Stabmixer glatt rühren und Lebensmittelfarbe unterrühren.

## GARNIEREN UND ANRICHTEN

Törtchen mit der Glasur überziehen und mit einer Winkelpalette glätten. Rote Früchte waschen, verlesen, trocken tupfen und je nach Art halbieren oder vierteln und Törtchen mit roten Früchten garniert servieren.

# HEFE-KÜCHLEIN MIT ROTEN FRÜCHTEN

**FÜR 6 PERSONEN**
**ZUBEREITUNG: 50 MIN.**
**GARZEIT: 40 MIN.**
**RUHEZEIT: 1 STD.**

## FÜR DEN HEFETEIG
50 g Butter, 10 g frische Hefe
150 g Mehl (Type 405)
20 g Zucker, 55 ml Milch
2 Eier (Größe S)

## FÜR DEN RUMSIRUP
2 l Wasser, 1 kg Zucker
1 Vanilleschote
jeweils Saft und abgeriebene Schale von
2 unbehandelten Orangen und Limetten
Saft und abgeriebene Schale von 1 unbehandelten Zitrone
100 ml Rum

## FÜR DIE VANILLE-KONDITORCREME
200 ml Milch, 50 g Zucker
½ Vanilleschote, 2 Eigelb (Größe M)
17 g Vanillepuddingpulver
10 g Butter, 150 g Sahne

## ZUM GARNIEREN UND ANRICHTEN
einige gemischte rote Früchte (z. B. Erdbeeren, Himbeeren, Brombeeren, Johannisbeeren, Heidelbeeren)

## HEFETEIG
Butter in einem Topf bei 40 °C zerlassen (mit
einem Küchenthermometer kontrollieren).
Hefe, Mehl und Zucker in einer Küchenmaschine
mit Rührblatt oder mit einem Handrührgerät bei
niedriger Geschwindigkeit mischen. Milch und
Eier langsam zugeben. 2 Minuten langsam weiterrühren. Zerlassene Butter zugeben und Teig
etwa 15 Minuten bei hoher Geschwindigkeit kneten, bis er sich vom Rand der Rührschüssel löst.
Teig in eine kleine Napfkuchenform (17 Zentimeter Durchmesser) füllen und glatt streichen. Mit
einem sauberen Tuch abdecken und bei Raumtemperatur 1 Stunde gehen lassen, bis der Teig sein
Volumen verdoppelt hat.
Backofen auf 190 °C (Umluft) vorheizen und Teig
etwa 20 Minuten im vorgeheizten Backofen backen, bis er sehr trocken ist. Herausnehmen, aus
der Form stürzen und auf einem Kuchengitter
abkühlen lassen.

## RUMSIRUP
Wasser, Zucker, aufgeschnittene Vanilleschote
mit dem herausgekratzten Mark sowie Zitrus-
fruchtsaft und -abrieb in einem Topf unter Rühren
zum Kochen bringen und Rum unterrühren. Vanilleschote vorsichtig mit einer Gabel herausnehmen. Hefeküchlein auf einen Teller setzen, mit
dem maximal 45 °C warmen Sirup tränken und
kühl stellen.

## VANILLE-KONDITORCREME
Milch, Hälfte des Zuckers und aufgeschnittene
Vanilleschote mit dem herausgekratzten Mark in
einem Topf unter Rühren zum Kochen bringen.
Vanilleschote vorsichtig mit einer Gabel herausnehmen.
Restlichen Zucker und Eigelbe in einer hitzebeständigen Schüssel schaumig schlagen. Vanillepuddingpulver zugeben und alles gut mischen.
Ein Drittel der kochenden Vanillemilch unterrühren, alles in den Topf zur restlichen Vanillemilch
geben und unter Rühren zum Kochen bringen.
Vom Herd nehmen, Butter untermischen und
Creme zum Abkühlen ins Gefrierfach stellen.
Sahne in einer gut gekühlten Edelstahlrührschüssel steif schlagen. Ein Drittel der Sahne zur Vanillecreme geben und mit einem Schneebesen
unterrühren. Restliche Sahne vorsichtig mit einem
Teigspatel unterheben.

## GARNIEREN UND ANRICHTEN
Hefeküchlein aus dem Kühlschrank nehmen und
großzügig mit Vanille-Konditorcreme füllen. Rote
Früchte waschen, verlesen, trocken tupfen, je
nach Art halbieren oder vierteln und Küchlein mit
roten Früchten garniert servieren.

# SCHOKO-TALER

FÜR CA. 20 TALER
ZUBEREITUNG: 20 MIN.
GARZEIT: 5 MIN.

500 g weiße Kuvertüre (z. B. Valrhona Ivoire)
einige gemischte rote Früchte (z. B. Cranberrys,
Johannisbeeren, Himbeeren, Brombeeren)
einige gemischte Nüsse (z. B. Haselnüsse,
Mandeln, Pistazien)

Von der Kuvertüre 340 Gramm in der Mikrowelle oder in einem Wasserbad zum Schmelzen bringen. Hat die Kuvertüre eine Temperatur von 45 °C erreicht (mit einem Küchenthermometer kontrollieren), restliche Kuvertüre zugeben. Kuvertüre verrühren, schmelzen und auf eine Temperatur von 28 °C abkühlen lassen.
Ein Backblech mit Backpapier belegen. Geschmolzene Kuvertüre in eine Spritztüte füllen und mit einer Küchenschere eine kleine Spitze abschneiden. Mit der Kuvertüre Kreise mit 3 Zentimeter Durchmesser auf das Backblech spritzen. Leicht gegen das Backblech klopfen, um die Oberfläche zu glätten.
Rote Früchte waschen, verlesen und trocken tupfen. Nüsse grob hacken. Früchte und Nüsse sofort auf die noch warmen Schoko-Taler geben, im Kühlschrank fest werden lassen und servieren.

# HEIDELBEER-TARTE

FÜR 6 PERSONEN
ZUBEREITUNG: 45 MIN.
KÜHLZEIT: 2–3 STD.
GARZEIT: 35 MIN.

## FÜR DEN MÜRBETEIG

120 g Butter und etwas Butter für die Form
75 g Puderzucker
25 g gemahlene Mandeln
1 Prise Fleur de Sel
2 Eier (Größe S)
200 g Mehl (Type 550) und etwas Mehl für die Arbeitsfläche
ggf. getrocknete Hülsenfrüchte zum Blindbacken

## FÜR DIE MANDELCREME

70 g Butter
80 g Puderzucker
5 g Maisstärke
80 g gemahlene Mandeln
1 Ei (Größe M)
1 Verschlusskappe brauner Rum

## ZUM GARNIEREN UND ANRICHTEN

60 g Aprikosenglasur (Patisserie-Bedarf)
200 g Heidelbeeren (TK-Produkt) und
100 g frische Heidelbeeren
etwas Puderzucker zum Bestäuben

*Teigreste nicht kneten, sondern auf dem nicht verwendeten Teig ausrollen und später wiederverwenden. Der ausgerollte Teig muss stets kühl gestellt werden, bevor man die Backform damit auslegt.*

*Für die Mandelcreme Butter nur weich und nicht schaumig rühren. Ist sie zu luftig, geht die Creme beim Backen auf, fällt danach in sich zusammen und verformt sich.*

## MÜRBETEIG

Alle Zutaten mit Ausnahme der Butter sollten sehr kalt verarbeitet werden.
Butter in einer Schüssel weich kneten und nacheinander Puderzucker, gemahlene Mandeln, Fleur de Sel, Eier und Mehl untermischen.
Dabei den Teig nicht zu stark kneten, damit er schön sandig bleibt. Mit Frischhaltefolie abdecken und 1 bis 2 Stunden kühl stellen.

## MANDELCREME

Butter in Flöckchen in einer Küchenmaschine mit Rührblatt oder mit einem Handrührgerät weich rühren.
Puderzucker, Stärke und gemahlene Mandeln in eine Schüssel sieben und unter die weiche Butter rühren. Ei unter Rühren zugeben und Rum unterrühren. Alles zu einer homogenen Creme vermischen.

## GARNIEREN UND ANRICHTEN

Mürbeteig aus dem Kühlschrank nehmen und auf einer bemehlten Arbeitsfläche kreisförmig 2 Millimeter dick ausrollen. Eine gefettete Springform (26 Zentimeter Durchmesser) mit dem Teig auslegen, dabei einen kleinen Rand hochziehen. Teig mehrmals mit einer Gabel einstechen und etwa 1 Stunde kühl stellen.
Backofen auf 180 °C vorheizen. Tarteboden mit Backpapier belegen und mit Backperlen oder getrockneten Hülsenfrüchten beschweren. 10 bis 15 Minuten im vorgeheizten Backofen backen. Backperlen oder Hülsenfrüchte und Backpapier entfernen und Mandelcreme gleichmäßig auf der Tarte verteilen.
Etwa 20 Minuten fertig backen. Herausnehmen, aus der Form lösen, abkühlen lassen und einen Tortenring (24 Zentimeter Durchmesser) in die Mitte der Tarte setzen.
Glasur erhitzen, tiefgekühlte Heidelbeeren untermischen und gleichmäßig im Tortenring verteilen. Tortenring abnehmen und Rand der Tarte mit Puderzucker bestäuben. Frische Heidelbeeren waschen, verlesen und trocken tupfen. Rand der Tarte rundum mit Heidelbeeren belegen und Tarte servieren.

# HEIDELBEER-VANILLE-WINDBEUTEL

FÜR CA. 15 WINDBEUTEL
ZUBEREITUNG: 1 STD. 10 MIN.
KÜHLZEIT: 12 STD.
GARZEIT: 45 MIN.

## FÜR DIE VANILLE-MASCARPONE-CREME
350 g Mascarpone, 65 g Puderzucker
1 Msp. Vanillepulver
300 g Sahne

## FÜR DEN STREUSELTEIG
100 g Butter, 115 g brauner Zucker
20 g gemahlene Haselnüsse
85 g Mehl

## FÜR DEN BRANDTEIG
100 ml Milch, 100 ml Wasser
4 g feines Salz, 4 g Zucker
90 g Butter, 110 g Mehl
3 Eier (Größe M)

## FÜR DIE VANILLE-KONDITORCREME
400 ml Milch, 100 g Zucker
½ Vanilleschote, 3 Eigelb (Größe L)
35 g Vanillepuddingpulver
16 g Butter

## ZUM GARNIEREN UND ANRICHTEN
einige frische Heidelbeeren
etwas Puderzucker zum Bestäuben

## VANILLE-MASCARPONE-CREME
Kalten Mascarpone in einer Küchenmaschine mit Schneebesen oder mit einem Handrührgerät cremig rühren, gesiebten Puderzucker und Vanillepulver zufügen, nach und nach kalte Sahne zugießen und alles zu einer festen Creme aufschlagen. Kühl stellen.

## STREUSELTEIG
Butter in einer Küchenmaschine mit Rührblatt oder mit einem Handrührgerät weich kneten, restliche Zutaten nacheinander zugeben und unterrühren, ohne den Teig dabei zu lange zu kneten. Teig mit Frischhaltefolie abdecken und mindestens 1 Stunde kühl stellen.
Streuselteig aus dem Kühlschrank nehmen, zwischen zwei Lagen Backpapier dünn ausrollen und mindestens 20 Minuten ins Gefrierfach stellen.

## BRANDTEIG
Milch, Wasser, Salz, Zucker und Butter in einem Topf unter Rühren zum Kochen bringen. Vom Herd nehmen, gesiebtes Mehl auf einmal zugeben und alles gut verrühren. Topf wieder auf den Herd stellen und Mischung bei mittlerer Hitze 3 bis 4 Minuten unter Rühren kochen, bis der Teig sich vom Topfrand löst.
Teig in einer Küchenmaschine mit Rührblatt oder mit einem Handrührgerät bis zum Abkühlen einige Minuten kneten. Eier einzeln zugeben und untermischen.
Brandteig in einen Spritzbeutel mit Lochtülle Nr. 10 füllen und Backofen auf 240 °C (Umluft) vorheizen.
Etwa 15 Windbeutel mit 4,5 Zentimeter Durchmesser auf ein mit Backpapier belegtes Backblech spritzen. Streuselteig aus dem Gefrierfach nehmen und daraus Kreise mit 4 Zentimeter Durchmesser ausstechen. Teigkreise auf den rohen Brandteig setzen und 15 Minuten im vorgeheizten Backofen backen. Sind die Windbeutel aufgegangen, Ofentemperatur auf 170 °C reduzieren und Windbeutel in etwa 20 Minuten fertig backen. Herausnehmen und auf einem Kuchengitter abkühlen lassen.

## VANILLE-KONDITORCREME
Creme nach Rezept auf S. 95 zubereiten.

## GARNIEREN UND ANRICHTEN
Von den Windbeuteln einen Deckel abschneiden. Windbeutel mit Vanille-Konditorcreme füllen. Vanille-Mascarpone-Creme in einen Spritzbeutel mit Sterntülle füllen und große Creme-Rosetten auf die Windbeutel aufspritzen. Heidelbeeren waschen, verlesen und trocken tupfen und Windbeutel damit garnieren. Deckel daraufsetzen und Windbeutel mit Puderzucker bestäubt servieren.

# JOHANNIS-BEER-FLAN

FÜR 6 PERSONEN
ZUBEREITUNG: 30 MIN.
RUHEZEIT: 30 MIN.
GARZEIT: 50 MIN.

## FÜR DIE FLAN-MASSE

750 ml Milch
250 g Sahne
250 g Zucker
4 Eier (Größe M)
80 g Vanillepuddingpulver

## FÜR DIE JOHANNISBEERGLASUR

20 ml schwarzer Johannisbeersaft
200 g neutrale Glasur
einige Tropfen wasserlösliche violette Lebensmittelfarbe

## ZUM GARNIEREN UND ANRICHTEN

500 g Blätterteig (siehe Rezept auf S. 110)
etwas Butter für die Form
225 g Schwarze Johannisbeeren
1 Ei (Größe M)

## FLAN-MASSE

Milch, Sahne und Hälfte des Zuckers in einem Topf unter Rühren zum Kochen bringen.
Eier und restlichen Zucker in einer Küchenmaschine oder mit einem Handrührgerät schaumig schlagen. Vanillepuddingpulver zufügen. Ein Drittel der heißen Milchmischung zugeben, alles mit dem Schneebesen kräftig verrühren und in den Topf zur restlichen Milchmischung geben.
Unter Rühren zum Kochen bringen und bei geringer Hitze 2 Minuten unter stetigem Rühren kochen.

## JOHANNISBEERGLASUR

Alle Zutaten in einer Schüssel mischen, mit einem Stabmixer glatt rühren und bis zur Weiterverwendung beiseitestellen.

## GARNIEREN UND ANRICHTEN

Blätterteig nach Rezept auf S. 110 zubereiten und kreisförmig dünn ausrollen.
Eine Springform (25 Zentimeter Durchmesser, 3,5 Zentimeter Höhe) fetten, mit dem Blätterteig auslegen und einen Rand hochziehen. Gewaschene, trocken getupfte Schwarze Johannisbeeren gleichmäßig auf dem Teig verteilen, Flan-Masse darübergeben und glatt streichen.
Backofen auf 180 °C vorheizen. Flan 30 Minuten ruhen lassen und mit verquirltem Ei bestreichen. Im vorgeheizten Backofen etwa 45 Minuten backen. Herausnehmen, vollständig abkühlen lassen und aus der Form lösen. Johannisbeerglasur in einem Topf unter Rühren lauwarm erhitzen, Oberseite des Flans mit der Glasur überziehen, trocknen lassen und Flan servieren.

# MONT-BLANC-TÖRTCHEN

FÜR CA. 10 TÖRTCHEN
ZUBEREITUNG: 2 STD.
GARZEIT: 2 STD.
KÜHLZEIT: 1 STD. 15 MIN.
GEFRIERZEIT: 1 STD.

## FÜR DAS FRANZÖSISCHE BAISER
3 Eiweiß (Größe S)
75 g Zucker, 75 g Puderzucker

## FÜR DEN MÜRBETEIG
200 g Butter und etwas Butter für die Formen
140 g Puderzucker
50 g gemahlene Mandeln
1 Ei (Größe XL), 350 g Mehl (Type 405) und
etwas Mehl für die Arbeitsfläche

## FÜR DIE MANDELCREME
60 g Butter, 60 g Zucker
60 g gemahlene Mandeln
1 Ei (Größe L), abgeriebene Schale von
1 unbehandelten Orange

## FÜR DIE JOHANNISBEERFÜLLUNG
200 g schwarzes Johannisbeerpüree
20 g Zucker, 4 g Pektin NH (Patisserie-Bedarf)
5 ml Zitronensaft (von ½ Zitrone)

## FÜR DIE GESÜSSTE SCHLAGSAHNE
500 g Sahne (35 % Fett), 50 g Puderzucker

## FÜR DIE MARONENCREME
100 g Maronenpaste (Feinkostgeschäft oder
Patisserie-Bedarf)
220 g Maronenpüree, 100 g Maronencreme
6 ml Grand Marnier

## ZUM GARNIEREN UND ANRICHTEN
1 kandierte Marone (Feinkostgeschäft)
nach Belieben etwas Blattgold

*Wenn Sie die Zeit haben, ist es besser, die Baisers erst 1 Stunde bei 120 °C (Umluft) und danach bei 80 °C mindestens 8 Stunden im Ofen zu backen. So werden sie sanft gegart und leicht karamellisiert. Das Baiser geht nicht zu schnell auf und lässt sich länger aufbewahren.*

---

## FRANZÖSISCHES BAISER

Eiweiße und 25 Gramm Zucker in einer Küchenmaschine mit Schneebesen oder mit einem Handrührgerät bei mittlerer Geschwindigkeit verrühren, bis die Masse ihr Volumen verdoppelt hat. Der Eischnee sollte fest, glatt und glänzend sein. Restlichen Zucker unterrühren, Puderzucker zugeben und vorsichtig unterheben.

Backofen auf 90 °C (Umluft) vorheizen. Baisermasse in einen Spritzbeutel mit Tülle Nr. 10 füllen und etwa zehn runde Tupfen mit 3 Zentimeter Durchmesser auf ein mit Backpapier belegtes Backblech spritzen. Baisers etwa 1 ½ Stunden im vorgeheizten Backofen backen, Ofentemperatur auf 120 °C erhöhen und in etwa 10 Minuten fertig backen. Herausnehmen und auf einem Kuchengitter abkühlen lassen.

## MÜRBETEIG

Butter mindestens 30 Minuten vor der Verarbeitung aus dem Kühlschrank nehmen. In einer Küchenmaschine mit Rührblatt oder mit einem Handrührgerät weich kneten. Puderzucker und gemahlene Mandeln unterrühren. Ei zugeben, alles verrühren und Mehl untermischen.

Alles zu einem homogenen Teig verkneten und ein Backblech mit Frischhaltefolie auslegen. Teig darauflegen und zu einem Quadrat mit 20 Zentimeter Seitenlänge formen. Folienränder über dem Teig einschlagen und Teig 1 Stunde kühl stellen. Aus dem Kühlschrank nehmen und auf einer bemehlten Arbeitsfläche 2,5 Millimeter dick ausrollen. Mit einem Wellenrandausstecher etwa zehn Kreise mit 8 Zentimeter Durchmesser ausstechen und gefettete Tartelette-Silikonformen mit 7 Zentimeter Durchmesser damit auslegen. 15 Minuten kühl stellen.

## MANDELCREME

Butter mindestens 30 Minuten vor der Verarbeitung aus dem Kühlschrank nehmen. In einer Küchenmaschine mit Rührblatt oder mit einem Handrührgerät weich kneten. Nacheinander unter ständigem Rühren Zucker, gemahlene Mandeln,

Ei und Orangenabrieb zugeben. Dabei darauf achten, dass die Creme nicht zu luftig wird, damit sie im Ofen nicht zu sehr aufgeht.

Backofen auf 170 °C (Umluft) vorheizen. Creme in einen Spritzbeutel mit Tülle Nr. 10 füllen und auf die Tartelettböden aufspritzen. Tarteletten 18 bis 20 Minuten im vorgeheizten Backofen backen. Herausnehmen und auf einem Kuchengitter abkühlen lassen.

## JOHANNISBEERFÜLLUNG

Johannisbeerpüree in einem Topf unter Rühren auf 50 °C erhitzen (mit einem Küchenthermometer kontrollieren). Zucker und Pektin mischen, zugeben und Mischung unter Rühren zum Kochen bringen. Zitronensaft unterrühren und Füllung in eine Silikonform mit etwa zehn runden, flachen Mulden (1,5 Zentimeter Durchmesser) füllen. 1 Stunde ins Gefrierfach stellen.

## GESÜSSTE SCHLAGSAHNE

Sahne und Puderzucker in einer Küchenmaschine mit Schneebesen oder mit einem Handrührgerät mischen und steif schlagen. Die Schlagsahne sollte möglichst fest sein.

## MARONENCREME

Maronenpaste, Maronenpüree, Maronencreme und Grand Marnier in einer Küchenmaschine mit Rührblatt oder mit einem Handrührgerät verrühren. Durch ein feines Sieb in ein luftdichtes Gefäß streichen und bis zur Verwendung kühl stellen.

## GARNIEREN UND ANRICHTEN

Auf jeden Tartelettboden mit Mandelcreme eine Baiserkugel setzen und etwas gesüßte Schlagsahne darum herum verteilen. Johannisbeerfüllung aus dem Gefrierfach nehmen, aus der Form lösen und je eine Scheibe auf die Tarteletten legen.

Einen Spritzbeutel mit Tülle Nr. 10 mit gesüßter Schlagsahne füllen und etwas Schlagsahne pyramidenförmig in die Mitte der Tarteletten spritzen. Maronencreme in einen Spritzbeutel mit kleiner Saint-Honoré-Tülle füllen und Sahnepyramiden rundum mit der Maronencreme verzieren. Kandierte Marone in etwa zehn Stücke schneiden und Törtchen mit jeweils mit einem Tupfen gesüßter Schlagsahne, 1 Maronenstück und nach Belieben etwas Blattgold verzieren.

Tipp: Tarteletten zum Verzieren auf eine Drehscheibe (z. B. eine drehbare Käseplatte) setzen. So lässt sich die Creme gleichmäßiger aufspritzen.

# GRIESSKUCHEN MIT JOHANNIS-BEEREN

FÜR 6 PERSONEN
ZUBEREITUNG: 20 MIN.
GARZEIT: 40 MIN.

1 l Milch
100 g Zucker
1 Vanilleschote
125 g Hartweizengrieß
3 Eier (Größe M)
20 g Butter für die Form
200 g Schwarze Johannisbeeren und etwas
schwarzer Johannisbeersaft zum Beträufeln

Backofen auf 180 °C vorheizen. Milch, Zucker und aufgeschnittene Vanilleschote mit dem herausgekratzten Mark in einem Topf unter Rühren zum Kochen bringen. Vanilleschote vorsichtig mit einer Gabel herausnehmen. Hartweizengrieß unterrühren und Mischung bei geringer Hitze 5 bis 10 Minuten köcheln lassen.
Vom Herd nehmen, Grieß einige Minuten quellen lassen und Eier untermischen.
Masse in eine gefettete ofenfeste Puddingform geben und etwa 30 Minuten im vorgeheizten Backofen backen. Herausnehmen, aus der Form lösen und Grießkuchen in einen tiefen Teller oder eine Schüssel setzen. Schwarze Johannisbeeren waschen, trocken tupfen und um den Kuchen herumsetzen. Dessert mit etwas Johannisbeersaft beträufeln und servieren.

# JOHANNISBEER-VEILCHEN-CHEESECAKE

FÜR 6 PERSONEN
ZUBEREITUNG: 3 STD.
GARZEIT: 1 STD.
GEFRIERZEIT: 3 STD.

## FÜR DEN MÜRBETEIG
160 g Butter und etwas Butter für die Form
70 g Puderzucker
25 g gemahlene Mandeln
½ Ei (Größe L)
175 g Mehl (Type 405)

## FÜR DEN BISKUIT
4 Eier (Größe M)
90 g Zucker
45 g Mehl (Type 405)
45 g Kartoffelstärke

## FÜR DEN JOHANNISBEERSIRUP
200 ml schwarzes Johannisbeerpüree
100 ml Wasser

## FÜR DIE FRISCHKÄSEMASSE
215 g Frischkäse (z. B. Philadelphia)
60 g Zucker
10 g Mehl (Type 405)
1 Ei und ½ Eigelb (Größe M)
10 g Sahne (35 % Fett)

## FÜR DIE JOHANNISBEERFÜLLUNG
200 g schwarzes Johannisbeerpüree
40 g Zucker
4 g Pektin NH (Patisserie-Bedarf)
3 ml Zitronensaft
90 g Schwarze Johannisbeeren, in Johannis-beerlikör eingelegt

## FÜR DIE VEILCHENCREME
1 Blatt Gelatine
113 g Frischkäse (z. B. Philadelphia)
8 g Puderzucker
20 g Veilchenpaste (Patisserie-Bedarf)
1 Eigelb (Größe M)
37 g Zucker
12 ml Mineralwasser
138 g sehr kalte Sahne (35 % Fett)

## FÜR DIE JOHANNISBEERGLASUR
100 ml schwarzer Johannisbeersaft
500 g neutrale Glasur
einige Tropfen wasserlösliche violette Lebens-mittelfarbe

## ZUM GARNIEREN UND ANRICHTEN
100 g Kakaobutter
einige Tropfen violette Lebensmittelfarbe
100 g weiße Schokolade
einige essbare Stiefmütterchenblüten
einige Schwarze Johannisbeeren

## MÜRBETEIG

Butter mindestens 30 Minuten vor der Verarbeitung aus dem Kühlschrank nehmen.

100 Gramm Butter in einer Küchenmaschine mit Rührblatt oder mit einem Handrührgerät weich kneten. Puderzucker und gemahlene Mandeln mischen und unter die Butter rühren. Ei zugeben, unterrühren und Mehl untermischen.

Alles zu einem glatten Teig verkneten und zwischen zwei Lagen Backpapier so dünn wie möglich ausrollen. Backofen auf 170 °C (Umluft) vorheizen. Teig etwa 15 Minuten im vorgeheizten Backofen backen, bis er goldbraun ist. Herausnehmen und auf einem Kuchengitter abkühlen lassen.

Abgekühlten Teig in einem Standmixer zu feinen Krümeln verarbeiten. Restliche Butter in einer Küchenmaschine mit Rührblatt oder mit einem Handrührgerät weich kneten. Mürbeteigkrümel zugeben und alles zu einer homogenen Masse verarbeiten. 120 Gramm Mürbeteigmasse in eine gefettete Springform (20 Zentimeter Durchmesser) geben und fest andrücken. Mit Frischhaltefolie abdecken und kühl stellen.

## BISKUIT

Eier trennen. Eigelbe und Hälfte des Zuckers in einer Küchenmaschine mit Schneebesen oder mit einem Handrührgerät zu einer glatten Masse verrühren.

Eiweiße steif schlagen, dabei nach und nach restlichen Zucker zugeben. Mehl und Stärke in eine Schüssel sieben und mischen. Eigelbe mithilfe eines Teigspatels vorsichtig mit Eischnee und gesiebten trockenen Zutaten vermischen. Backofen auf 200 °C (Umluft) vorheizen. Biskuitmasse in einen Spritzbeutel mit Lochtülle Nr. 8 füllen und spiralförmig zu einem Kreis von 20 Zentimeter Durchmesser auf ein mit Backpapier belegtes Backblech spritzen. 5 bis 6 Minuten im vorgeheizten Backofen backen, herausnehmen und auf einem Kuchengitter abkühlen lassen.

## JOHANNISBEERSIRUP

Johannisbeerpüree und Wasser in einer Schüssel verrühren und beiseitestellen.

## FRISCHKÄSEMASSE

Frischkäse, Zucker und gesiebtes Mehl in einer Küchenmaschine mit Rührblatt oder mit einem Handrührgerät mischen. Ei und Eigelb schaumig rühren, unter die Frischkäsemischung rühren, Sahne unterrühren und Frischkäsemasse beiseitestellen.

## JOHANNISBEERFÜLLUNG

Johannisbeerpüree und zwei Drittel des Zuckers in einem Topf unter Rühren auf 50 °C erhitzen (mit einem Küchenthermometer kontrollieren). Restlichen Zucker und Pektin mischen, zugeben und alles unter Rühren zum Kochen bringen. Zitronensaft unterrühren und Mischung sofort in eine runde Silikonform oder einen mit Tortenrandfolie ausgekleideten Tortenring (18 Zentimeter

der Frischkäse weich wird. Gelatine ausdrücken, in der Mikrowelle 5 Sekunden auf höchster Stufe erhitzen und unterrühren. Veilchenpaste untermischen und alles mit einem Stabmixer glatt rühren.

Eigelb mit einem Handrührgerät schaumig schlagen. Zucker und Mineralwasser verrühren und in einem Topf unter Rühren zum Kochen bringen. Zuckersirup zum Eigelb geben und mit hoher Geschwindigkeit rühren, bis die Mischung abgekühlt ist. Bei mittlerer Geschwindigkeit zu einer Sabayon aufschlagen. Sabayon zur Frischkäsemasse geben und alles mit einem Schneebesen verrühren. Sahne steif schlagen und vorsichtig unter die Mischung heben.

## JOHANNISBEERGLASUR

Alle Zutaten in einer Schüssel mischen, mit einem Stabmixer glatt rühren und beiseitestellen.

## GARNIEREN UND ANRICHTEN

Backofen auf 90 °C (Umluft) vorheizen.
Springform mit dem Mürbeteigboden aus dem Kühlschrank nehmen. Biskuitboden mit Johannisbeersirup tränken und in die Springform setzen. Mit Frischkäsemasse bestreichen und etwa 1 Stunde im vorgeheizten Backofen backen. Die Masse ist durchgegart, wenn sie beim Rütteln der Form nicht mehr wackelt. Herausnehmen und abkühlen lassen.
Gefrorene Johannisbeerfüllung in die Form setzen. Veilchencreme gleichmäßig darauf verteilen, glatt streichen und 2 Stunden ins Gefrierfach stellen.
Johannisbeerglasur in einem Topf lauwarm erhitzen, Oberseite des Kuchens damit bestreichen und Kuchen aus der Form lösen.
Kakaobutter in einem Topf unter Rühren zum Schmelzen bringen und Lebensmittelfarbe unterrühren. Mit einem Backpinsel eine dünne Schicht Kakaobutter auf einen 6 Zentimeter breiten und 20 Zentimeter langen Streifen Tortenrandfolie auftragen und fest werden lassen.
Weiße Schokolade in einem Wasserbad unter Rühren zum Schmelzen bringen, in einer dünnen Schicht auf die Tortenrandfolie auftragen und Folie sofort um den Rand des Kuchens legen. Einige Minuten ins Gefrierfach stellen.
Vor dem Servieren Tortenrandfolie entfernen und Cheesecake mit Stiefmütterchen und gewaschenen, trocken getupften Schwarzen Johannisbeeren garniert servieren.

Durchmesser) füllen. Johannisbeeren in einem Sieb abtropfen lassen, auf der Füllung verteilen und alles 1 Stunde ins Gefrierfach stellen.

## VEILCHENCREME

Gelatine 20 Minuten vor der Verwendung in einer Schüssel mit kaltem Wasser einweichen.
Frischkäse und Puderzucker in einem Wasserbad unter ständigem Rühren auf 40 °C erhitzen, bis

# VANILLE-BAISER-TORTE

FÜR 6 PERSONEN
ZUBEREITUNG:
40 MIN. AM VORTAG
40 MIN. AM SERVIERTAG
GARZEIT: 3 STD.
KÜHLZEIT: 24 STD.
GEFRIERZEIT: 6 STD.

## FÜR DAS VANILLEEIS
24 STD. IM VORAUS ZUBEREITEN
150 g Zucker
14 g Eiscreme-Stabilisator (Patisserie-Bedarf)
55 g Magermilchpulver
670 ml Milch, 260 g Sahne
5 Eigelb (Größe M)
1 mexikanische Vanilleschote

## FÜR DAS JOHANNISBEER-SORBET
24 STD. IM VORAUS ZUBEREITEN
105 g Zucker
100 g Trockenglucosepulver (Patisserie-Bedarf)
2 g Eiscreme-Stabilisator (Patisserie-Bedarf)
500 g schwarzes Johannisbeerpüree
300 ml Wasser

## FÜR DAS FRANZÖSISCHE BAISER
4 Eiweiß (Größe M)
125 g Zucker, 125 g Puderzucker

## FÜR DIE JOHANNISBEERGLASUR
100 ml schwarzer Johannisbeersaft
500 g neutrale Glasur
einige Tropfen wasserlösliche violette Lebensmittelfarbe

## ZUM GARNIEREN UND ANRICHTEN
einige Schwarze Johannisbeeren

## VANILLEEIS
Zucker, Stabilisator und Milchpulver in einem Topf mischen. Milch, Sahne, Eigelbe und aufgeschnittene Vanilleschote mit herausgekratztem Mark unterrühren und alles bei starker Hitze erwärmen. Vanilleschote entfernen und Creme unter Rühren auf 85 °C erhitzen (mit einem Küchenthermometer kontrollieren). Durch ein feines Sieb in eine Schüssel streichen, abkühlen lassen und 24 Stunden kühl stellen.

## JOHANNISBEERSORBET
Zucker, Glucosepulver und Stabilisator in einer Schüssel vermischen. Johannisbeerpüree und Wasser in einem Topf unter Rühren auf 50 °C erhitzen. Trockene Zutaten zugeben. Alles unter Rühren zum Kochen bringen, abkühlen lassen und 24 Stunden kühl stellen.

## FRANZÖSISCHES BAISER
Eiweiße und ein Drittel des Zuckers in einer Küchenmaschine mit Schneebesen oder mit einem Handrührgerät bei mittlerer Geschwindigkeit verrühren, bis die Masse ihr Volumen verdoppelt hat. Restlichen Zucker unterrühren, Puderzucker unterheben. Backofen auf 120 °C vorheizen. Masse in einen Spritzbeutel mit Tülle Nr. 12 füllen und 6 Zentimeter lange Streifen auf ein mit Backpapier belegtes Backblech spritzen. Auf ein weiteres Backblech spiralförmig zwei Kreise mit 16 Zentimeter Durchmesser aufspritzen. Alles etwa 15 Minuten im vorgeheizten Backofen backen, Ofentemperatur auf 90 °C reduzieren und etwa 2 ½ Stunden fertig backen.

## JOHANNISBEERGLASUR
Zutaten für die Glasur in einem Topf mischen, mit einem Stabmixer glatt rühren und beiseitestellen.

## GARNIEREN UND ANRICHTEN
Einen mit Tortenrandfolie versehenen Tortenring (16 Zentimeter Durchmesser) auf ein mit Backpapier belegtes Blech setzen und ins Gefrierfach stellen. Vanilleeismasse in einer Eismaschine zu Eis verarbeiten. Einen Baiserboden in den Tortenring setzen. Vanilleeis darauf verteilen, zweiten Baiserboden daraufsetzen und alles ins Gefrierfach stellen. Johannisbeersorbetmasse in einer Eismaschine zu Sorbet verarbeiten, in den Tortenring geben und glatt streichen. Sofort mindestens 6 Stunden ins Gefrierfach stellen. Glasur unter Rühren lauwarm erhitzen, Baisertorte mit der Glasur überziehen und aus der Form lösen. Rand mit Baiserstreifen verzieren und Torte mit gewaschenen, trocken getupften Johannisbeeren garniert servieren.

# CRANBERRY-MUFFINS

FÜR CA. 30 MUFFINS
ZUBEREITUNG: 20 MIN.
GARZEIT: 25 MIN.

## FÜR DEN MUFFIN-TEIG
200 g frische oder getrocknete Cranberrys
150 g weiße Schokolade (z. B. Valrhona Dulcey)
105 g Butter und etwas Butter für die Form
185 g Zucker, 2 Eier (Größe L)
250 ml Milch
Mark von 1 Vanilleschote
360 g Mehl, 4 TL Backpulver
½ TL feines Salz

## ZUM GARNIEREN UND ANRICHTEN
einige Mandelsplitter zum Bestreuen
etwas Puderzucker zum Bestäuben

## MUFFIN-TEIG
Backofen auf 180 °C vorheizen.
Frische Cranberrys waschen, verlesen und trocken tupfen. Schokolade und frische oder getrocknete Cranberrys mit einem Küchenmesser grob hacken. Butter in einer Küchenmaschine mit Rührblatt oder mit einem Handrührgerät weich kneten und Zucker zugeben. Rand der Rührschüssel mit einem Teigschaber säubern und Küchenmaschine oder Handrührgerät wieder einschalten. Unter Rühren Eier und Milch zugeben.
Vanillemark, Mehl, Backpulver und Salz in einer Schüssel mischen und unter die Teigmischung rühren. Cranberrys und Schokolade unterrühren. Teig in gefettete Muffinformen geben und 20 bis 25 Minuten im vorgeheizten Backofen backen.

## GARNIEREN UND ANRICHTEN
Muffins aus dem Ofen nehmen, einige Minuten ruhen lassen, aus der Form lösen und auf einem Kuchengitter abkühlen lassen. Mit Mandelsplittern bestreuen und mit Puderzucker bestäubt servieren.

# CRANBERRY-COOKIES

FÜR CA. 30 COOKIES
ZUBEREITUNG: 20 MIN.
GARZEIT: 15 MIN.

150 g frische oder getrocknete Cranberrys
150 g Butter
170 g brauner Zucker
2 Eier (Größe L)
300 g Mehl
1 Prise feines Salz
2 TL Backpulver
200 g weiße Schokolade (z. B. Valrhona Dulcey)

Backofen auf 180 °C vorheizen. Frische Cranberrys waschen, verlesen und trocken tupfen. Butter in einer Küchenmaschine mit Rührblatt oder mit einem Handrührgerät weich kneten. Nach und nach braunen Zucker, Eier, Mehl, Salz und Backpulver unterrühren.
Schokolade und frische oder getrocknete Cranberrys mit einem Küchenmesser auf einem Schneidbrett grob hacken und untermischen.
Teig mit den Händen zu golfballgroßen Kugeln formen. Teigkugeln mit ausreichendem Abstand auf ein mit Backpapier belegtes Backblech setzen und mit dem Handballen leicht flach drücken.
Cookies im vorgeheizten Backofen etwa 12 Minuten goldbraun backen, herausnehmen, abkühlen lassen und servieren.

# CRANBERRY-PISTAZIEN-KUCHEN

**FÜR 6–8 PERSONEN**
**ZUBEREITUNG: 50 MIN.**
**GARZEIT: 1 STD. 10 MIN.**
**RUHEZEIT: 10 MIN.**

**FÜR DIE GERÖSTETEN PISTAZIEN**
30 g geschälte Pistazien

**FÜR DEN KUCHENTEIG**
145 g Butter
90 g gemahlene Mandeln
145 g Puderzucker
70 g Mehl
37 g Pistazienpaste (z. B. Corsiglia, Bioladen oder Feinkostgeschäft)
3 Eigelb (Größe S), ½ Ei (Größe L) und
3 Eiweiß (Größe M)
22 ml Milch
22 g Zucker
55 g frische oder getrocknete Cranberrys

**ZUM GARNIEREN UND ANRICHTEN**
50 g Butter für die Form
15 g Mehl für die Form
30 g Aprikosenglasur (Patisserie-Bedarf)
60 g Pistazien, gemahlen

## GERÖSTETE PISTAZIEN
Backofen auf 160 °C vorheizen. Pistazien auf ein mit Backpapier belegtes Backblech geben und etwa 20 Minuten im vorgeheizten Backofen rösten. Herausnehmen, abkühlen lassen und auf einem Schneidbrett mit einem großen Küchenmesser grob hacken.

## KUCHENTEIG
Butter mindestens 30 Minuten vor der Verarbeitung aus dem Kühlschrank nehmen.
Gemahlene Mandeln und Puderzucker in eine Schüssel sieben und Mehl in eine weitere Schüssel sieben.
Butter, Puderzucker, gemahlene Mandeln und Pistazienpaste in einer Küchenmaschine mit Rührblatt oder mit einem Handrührgerät verrühren. Rührblatt durch einen Schneebesen ersetzen, Eigelbe und Eier zur Buttermischung geben und alles 2 Minuten schaumig schlagen. Milch und geröstete, gehackte Pistazien vorsichtig untermischen.
Eiweiße steif schlagen, dabei nach und nach Zucker untermischen.
Eischnee mithilfe eines Teigspatels unterheben und Mehl unterrühren. Frische Cranberrys waschen, verlesen und trocken tupfen. Frische oder getrocknete Cranberrys grob hacken und unter den Teig mischen.

## GARNIEREN UND ANRICHTEN
Butter in einer Küchenmaschine mit Rührblatt oder mit einem Handrührgerät weich kneten oder in der Mikrowelle erwärmen und Mehl unterrühren. Eine Kastenform mit der Butter-Mehl-Mischung einstreichen, Kuchenteig hineingeben und glatt streichen.
Backofen auf 180 °C vorheizen, Ofentemperatur auf 160 °C reduzieren und Kuchen im vorgeheizten Backofen etwa 30 Minuten backen. Backform drehen und Kuchen etwa 20 Minuten fertig backen. Für die Garprobe mit einem Holzstäbchen einstechen. Kuchen herausnehmen und in der Form etwa 10 Minuten setzen lassen. Aus der Form stürzen und auf einem Kuchengitter abkühlen lassen.
Kuchen mithilfe eines Backpinsels mit der kalten Aprikosenglasur einstreichen und mit gemahlenen Pistazien bestäubt servieren.

KIRSCHEN

# CLAFOUTIS MIT KIRSCHEN UND MANDELN

FÜR 6 CLAFOUTIS
ZUBEREITUNG:
10 MIN. AM VORTAG
20 MIN. AM SERVIERTAG
KÜHLZEIT: 12 STD.
GARZEIT: 15–20 MIN.

## FÜR DEN CLAFOUTIS-TEIG
AM VORTAG ZUBEREITEN
115 g gemahlene Mandeln
15 g Mehl
400 g Sahne (35 % Fett)
3 Eier (Größe L) und 5 Eigelb (Größe M)
160 g Zucker

## ZUM BACKEN
300 g Kirschen (z. B. Burlat)
50 g ganze Mandeln
30 g Butter für die Formen
100 g brauner Zucker für die Formen
100 g Puderzucker

### CLAFOUTIS-TEIG
Gemahlene Mandeln und Mehl in eine Schüssel sieben. Nach und nach und unter kräftigem Rühren Sahne, Eier, Eigelbe und Zucker zugeben. Mit Frischhaltefolie bedecken und über Nacht kühl stellen. (Der Teig lässt sich problemlos 4 bis 5 Tage im Kühlschrank aufbewahren.)

### BACKEN
Backofen auf 180 bis 190 °C vorheizen. Kirschen waschen, verlesen, trocken tupfen, entstielen und entsteinen. Mandeln mit einem Küchenmesser auf einem Schneidbrett grob hacken. Teig auf sechs gefettete und mit braunem Zucker bestreute Formen (15 Zentimeter Durchmesser) verteilen und Kirschen gleichmäßig darauf verteilen. Mit Puderzucker bestäuben und mit gehackten Mandeln bestreuen. 15 bis 20 Minuten im vorgeheizten Backofen backen, Clafoutis auf einem Kuchengitter leicht abkühlen lassen und lauwarm servieren. Dazu passt Vanilleeis.
Tipp: Diese französische Spezialität lässt sich auch mit anderen roten Früchten der Saison zubereiten.

# KIRSCH-SUPPE MIT MINZE

FÜR 4 PERSONEN
ZUBEREITUNG: 40 MIN.
GARZEIT: 5 MIN.

1 unbehandelte Orange
250 ml Wasser
Saft von 1 Zitrone
750 ml Rotwein (z. B. Gigondas oder Cahors)
200 g feiner Zucker
10 g Maisstärke
einige Stängel Minze
1 Beutel Ceylon-Tee
120 g Kirschen (z. B. Taubenherz)

Orange schälen und Schale in feine Streifen schneiden (Fruchtfleisch anderweitig verwenden). Wasser und Zitronensaft in einem kleinen Topf unter Rühren zum Kochen bringen. Orangenschalenstreifen zugeben, alles nochmals aufkochen lassen, abseihen und Orangenschalenstreifen abtropfen lassen.
Rotwein in einen großen Topf geben, unter Rühren zum Kochen bringen und flambieren. Orangenschalenstreifen zugeben und Rotwein bei starker Hitze auf die Hälfte einkochen lassen.
Zucker unterrühren und alles noch etwa 2 Minuten kochen lassen. Maisstärke unter Rühren zugeben und Topf vom Herd nehmen.
Minze waschen und trocken schütteln. Alle Stängel bis auf einen zum Garnieren beiseitestellen. Teebeutel und Minzestängel zur Rotweinmischung geben und alles zugedeckt abkühlen lassen. Teebeutel und Minzestängel entfernen und Mischung bis zum vollständigen Abkühlen kühl stellen.
Kirschen waschen, verlesen, trocken tupfen, entstielen und entsteinen und in Schälchen anrichten. Aromatisierten Wein darübergeben und mit beiseitegestellten Minzestängeln garniert servieren.

# KIRSCHEN-PISTAZIEN-KÜCHLEIN

FÜR 12 KÜCHLEIN
ZUBEREITUNG:
15 MIN. AM VORTAG
15 MIN. AM SERVIERTAG
KÜHLZEIT: 24 STD.
GARZEIT: 15 MIN.

## KUCHENTEIG
**AM VORTAG ZUBEREITEN**
120 g Butter
70 g gemahlene Mandeln
190 g Puderzucker
6 Eiweiß (Größe L)
10 g Invertzucker
50 g Pistazienpaste (Bioladen oder Feinkostgeschäft)
70 g Mehl
2 g Backpulver

## ZUM BACKEN
120 g Sauerkirschen (ca. 24 Stück)
30 g Butter für die Formen

## KUCHENTEIG

Butter in einem kleinen Topf zerlassen und erhitzen, bis sie nussbraun ist. Durch ein feines Sieb in eine Schüssel geben und abkühlen lassen. Gemahlene Mandeln und Puderzucker in einer Schüssel mischen. Nach und nach Eiweiße, Invertzucker und Pistazienpaste zugeben und mit einem Handrührgerät unterrühren.
Abgekühlte Butter untermischen, Mehl und Backpulver zugeben und alles zu einem glatten Teig verrühren. Mit Frischhaltefolie abdecken und mindestens 24 Stunden kühl stellen.

## BACKEN

Backofen auf 180 °C vorheizen. Kirschen waschen, verlesen, trocken tupfen, entstielen und entsteinen. Financier-Backformen oder andere kleine rechteckige Formen fetten und etwas Kuchenteig hineingeben. Je 2 Kirschen auf dem Teig verteilen und restlichen Teig darübergeben, sodass die Formen zu drei Vierteln gefüllt sind. Teig glatt streichen und etwa 15 Minuten im vorgeheizten Backofen backen. Herausnehmen, auf einem Kuchengitter abkühlen lassen und servieren.

# KIRSCH-TARTE

FÜR 6 PERSONEN
ZUBEREITUNG: 1 STD. 30 MIN.
RUHEZEIT: 4 STD.
KÜHLZEIT: 2–3 STD.
GARZEIT: 45–50 MIN.

## FÜR DIE KIRSCHEN
6–8 STD. IM VORAUS ZUBEREITEN
100 g Sauerkirschen
100 g Kirschen (z. B. Burlat)
50 g Zucker

## FÜR DEN MÜRBETEIG
120 g Butter und etwas Butter für die Form
75 g Puderzucker
25 g gemahlene Mandeln
1 Prise Fleur de Sel
2 Eier (Größe S)
200 g Mehl (Type 550) und etwas Mehl für die Arbeitsfläche
ggf. getrocknete Hülsenfrüchte zum Blindbacken

## FÜR DIE MANDELCREME
70 g Butter
80 g Puderzucker
5 g Maisstärke
80 g gemahlene Mandeln
1 Ei (Größe M)
1 Verschlusskappe brauner Rum
90 g Sahne

## FÜR DEN STREUSELTEIG
50 g kalte Butter
50 g Zucker
2 Prisen Fleur de Sel
50 g Mehl
50 g gemahlene Mandeln

*Teigreste nicht kneten, sondern auf dem nicht verwendeten Teig ausrollen und später wieder- verwenden. Der ausgerollte Teig muss stets kühl gestellt werden, bevor man die Backform damit auskleidet.*

## KIRSCHEN

Beide Kirschensorten waschen, verlesen, entstielen und entsteinen. In eine Schüssel geben und mit Zucker bestreuen. 2 Stunden ziehen lassen, in ein Sieb geben und 1 bis 2 Stunden abtropfen lassen.

## MÜRBETEIG

Alle Zutaten mit Ausnahme der Butter sollten sehr kalt verarbeitet werden.
Butter in einer Küchenmaschine oder mit einem Handrührgerät weich kneten und nacheinander Puderzucker, gemahlene Mandeln, Fleur de Sel, Eier und Mehl untermischen.
Dabei den Teig nicht zu stark kneten, damit er schön sandig bleibt. Mit Frischhaltefolie abdecken und 1 bis 2 Stunden kühl stellen.

## MANDELCREME

Butter in Flöckchen in einer Küchenmaschine mit Rührblatt oder mit einem Handrührgerät weich rühren.
Puderzucker, Maisstärke und gemahlene Mandeln in eine Schüssel sieben, mischen und mit der Butter verrühren. Ei unter Rühren zufügen und Rum unterrühren. Alles zu einer glatten, homogenen Creme vermischen und Sahne unterrühren.
Tipp: Butter nicht schaumig rühren. Ist sie zu luftig, hebt sich die Mandelcreme beim Backen an, fällt danach wieder in sich zusammen und verformt sich.

## BACKEN UND BELEGEN

Backofen auf 180 °C vorheizen. Mürbeteig auf einer bemehlten Arbeitsfläche kreisförmig etwa 2 Millimeter dick ausrollen, eine gefettete Springform (26 Zentimeter Durchmesser) mit dem Teig auslegen und einen kleinen Rand hochziehen. Teig mehrmals mit einer Gabel einstechen und etwa 1 Stunde kühl stellen.
Mit Backpapier bedecken und mit getrockneten Hülsenfrüchten oder Backperlen zum Blindbacken beschweren. 10 bis 15 Minuten im vorgeheizten Backofen backen.
Backpapier und Hülsenfrüchte oder Backperlen entfernen und Tarteboden mit Sauer- und Süßkirschen belegen. Ofentemperatur auf 80 °C reduzieren. Mandelcreme gleichmäßig auf dem Tarteboden verteilen, glatt streichen und Tarte etwa 20 Minuten weiterbacken.

## STREUSELTEIG

Butter in Würfel schneiden und in einer Küchenmaschine mit Rührblatt oder mit einem Handrührgerät weich rühren. Zucker, Fleur de Sel, Mehl und gemahlene Mandeln zugeben und alles 30 Sekunden zu einer grobkrümeligen Masse verkneten (nicht länger, damit sich die Zutaten nicht zu sehr verbinden). Streuselteig auf einen Teller geben und kühl stellen.
Tarte aus dem Ofen und Streuselteig aus dem Kühlschrank nehmen. Streuselteig gleichmäßig auf der Tarte verteilen und Tarte in etwa 15 Minuten fertig backen.
Herausnehmen, 10 Minuten ruhen lassen, aus der Form lösen und auf ein Kuchengitter setzen. Tarte je nach Saison lauwarm oder kalt servieren.
Tipp: Sie können auch tiefgekühlte Sauerkirschen verwenden, da diese eine hohe Qualität erreichen. Die Süßkirschen müssen nicht unbedingt entsteint werden, denn ihre Kerne entfalten beim Backen ein feines Aroma.

# TONKA-KIRSCH-DESSERT IM GLAS

FÜR 6 PERSONEN
ZUBEREITUNG: 1 STD.
GARZEIT: 10 MIN.
ZIEHZEIT: 20 MIN.
KÜHLZEIT: 3 STD.

## FÜR DIE PANNA-COTTA-TONKA-CREME
140 g Sahne, 140 ml Milch
20 g Zucker
1 Tonkabohne
1 Blatt Gelatine

## FÜR DEN BISKUIT
5 Eier (Größe M)
90 g Zucker, 45 g Mehl
45 g Kartoffelstärke

## FÜR DIE MASCARPONE-CREME
110 g Mascarpone, 20 g Puderzucker
90 g Sahne

## ZUM GARNIEREN UND ANRICHTEN
24 Kirschen (z. B. Burlat)

## PANNA-COTTA-TONKA-CREME
Sahne und Milch in einem Topf unter Rühren zum Kochen bringen und Zucker unterrühren. Tonkabohne hineinreiben. Alles gut verrühren. Topf vom Herd nehmen, mit Frischhaltefolie bedecken und Mischung 20 Minuten ziehen lassen.

Gelatine in einer Schüssel mit kaltem Wasser einweichen. Sahnemischung auf 50 °C erhitzen (mit einem Küchenthermometer kontrollieren). Gelatine ausdrücken, unterrühren und Mischung durch ein Sieb in eine Schüssel streichen. Creme mit einem Stabmixer glatt rühren, sofort auf sechs Dessertgläser (150 Milliliter) verteilen und 3 Stunden kühl stellen.

## BISKUIT
Eier trennen. 4 Eigelbe (restliches Eigelb anderweitig verwenden) und 45 Gramm Zucker in einer Küchenmaschine mit Schneebesen oder mit einem Handrührgerät zu einer glatten, homogenen Masse verrühren, die wie in einem Band vom Schneebesen herabläuft.
Eiweiße steif schlagen, dabei nach und nach restlichen Zucker zugeben. Mehl und Stärke in eine Schüssel sieben und mischen.
Eigelbe vorsichtig mit Eischnee und gesiebten trockenen Zutaten mischen. Biskuitmasse in einen Spritzbeutel mit Lochtülle Nr. 8 füllen. Backofen auf 210 °C vorheizen.
Biskuitmasse spiralförmig in sechs Kreisen mit einem etwas kleineren Durchmesser als die Dessertgläser auf ein mit Backpapier belegtes Backblech spritzen und 5 bis 6 Minuten im vorgeheizten Backofen backen. Herausnehmen und auf einem Kuchengitter abkühlen lassen.

## MASCARPONE-CREME
Kalten Mascarpone in einer Küchenmaschine mit Schneebesen oder mit einem Handrührgerät cremig rühren, gesiebten Puderzucker zufügen, nach und nach kalte Sahne zugießen und alles zu einer festen Creme aufschlagen. Kühl stellen.

## GARNIEREN UND ANRICHTEN
Kirschen waschen, verlesen, trocken tupfen und von den Stielen befreien. 18 Kirschen halbieren und entkernen, restliche Kirschen ganz lassen. Dessertgläser mit der Panna-Cotta-Tonka-Creme aus dem Kühlschrank nehmen und in jedes Dessertglas einen Biskuitboden legen. Je 6 halbierte Kirschen mit der Schnittfläche nach außen jeweils an den Glasrand setzen.
Mascarpone-Creme in einen Spritzbeutel mit Sterntülle Nr. 10 füllen. Desserts mit einer Cremerosette verzieren und mit je 1 Kirsche garniert servieren.

# SCHWARZ-WÄLDER KIRSCH-ROLLE

FÜR 6 PERSONEN
ZUBEREITUNG:
10 MIN. AM VORTAG
1 STD. AM SERVIERTAG
GARZEIT: 30 MIN.
KÜHLZEIT: 24 STD.
GEFRIERZEIT: 3 STD.

## FÜR DIE KANDIERTEN SAUERKIRSCHEN
24 STD. IM VORAUS ZUBEREITEN
30 ml Wasser
45 g Invertzucker
100 g entsteinte Sauerkirschen (TK-Produkt)

## FÜR DIE VANILLE-MASCARPONE-CREME
1 Blatt Gelatine Gold
130 g Sahne
1 Madagaskar-Vanilleschote
170 g Mascarpone
30 g Puderzucker

## FÜR DEN SACHER-BISKUIT
1 Ei (Größe M), 4 Eigelb (Größe L) und
5 Eiweiß (Größe M)
150 g Marzipan
55 g Puderzucker
45 g Mehl
45 g Kakaopulver
45 g Butter
50 g Zucker

## FÜR DEN SAUERKIRSCHSIRUP
100 g Sauerkirschsirup, beim Kandieren der
Sauerkirschen aufgefangen
50 g Sauerkirschpüree
1 Verschlusskappe Kirschwasser
Saft von 1 Zitrone
75 ml Wasser
75 g Zucker

## FÜR DIE SCHOKO-MOUSSE
575 g kalte Sahne
125 ml Milch
2 Eigelb (Größe L)
25 g Zucker
375 g dunkle Kuvertüre (z. B. Valrhona Manjari)

## FÜR DIE SCHOKOLADENSPÄNE
100 g dunkle Kuvertüre (z. B. Valrhona Illanka)
2 g Fleur de Sel

## FÜR DIE GLASUR
130 g Sahne
190 g neutrale Glasur (z. B. Valrhona Nappage
absolu)
250 g Zucker
50 g Sorbit (Apotheke)
18 g Gelatinepulver 200 Bloom (Patisserie-Bedarf)
90 ml Wasser
50 g Kakaobutter
225 g Glucose (Patisserie-Bedarf)
etwas rote Lebensmittelfarbe

## ZUM GARNIEREN UND ANRICHTEN
einige frische Kirschen
etwas Puderzucker zum Bestäuben

## KANDIERTE SAUERKIRSCHEN

Wasser und Invertzucker in einem Topf unter Rühren zum Kochen bringen und Mischung in einer Schüssel über die tiefgekühlten Sauerkirschen geben. 24 Stunden kühl stellen.

## VANILLE-MASCARPONE-CREME

Gelatine 20 Minuten vor der Verwendung in einer Schüssel mit kaltem Wasser einweichen. Etwas Sahne in einem Topf mit aufgeschnittener Vanilleschote und herausgekratztem Mark unter Rühren erwärmen. Vanilleschote vorsichtig mit einer Gabel herausnehmen. Gelatine ausdrücken, zugeben und in der Sahne auflösen. Vollständig abkühlen lassen. Kalten Mascarpone in einer Küchenmaschine mit Schneebesen oder mit einem Handrührgerät verrühren, gesiebten Puderzucker zufügen, nach und nach restliche kalte Sahne und Vanille-Sahne-Mischung unterrühren. Alles zu einer festen Creme aufschlagen. Kühl stellen.

## SACHER-BISKUIT

Ei und Eigelbe in einer Küchenmaschine oder mit einem Handrührgerät mischen. Marzipan und Puderzucker in einer Schüssel verrühren und ein Drittel der Eiermischung unterrühren. Nach und nach restliche Eiermischung zugeben und alles hell und schaumig rühren. Gesiebtes Mehl und Kakaopulver unterrühren. Butter in einem Topf zerlassen und unter den Teig mischen. Eiweiße und Zucker steif schlagen und unterheben. 600 Gramm Biskuitmasse abwiegen, in eine flache rechteckige Silikonform geben und mit einer Winkelpalette glatt streichen. Backofen auf 210 °C vorheizen. Ofentemperatur auf 170 °C reduzieren und Biskuitboden etwa 15 Minuten im vorgeheizten Backofen backen. Herausnehmen, auf einem Kuchengitter abkühlen lassen und kühl stellen.

## SAUERKIRSCHSIRUP

Kandierte Sauerkirschen über einem Sieb abtropfen lassen und Sirup auffangen. 100 Gramm aufgefangenen Sirup, Sauerkirschpüree, Kirschwasser, Zitronensaft, Wasser und Zucker in einem Topf unter Rühren zum Kochen bringen und beiseitestellen.

## SCHOKO-MOUSSE

125 Gramm Sahne und Milch in einem Topf unter Rühren zum Kochen bringen. Eigelbe und Zucker in einer Schüssel hell und schaumig schlagen. Ein Drittel der Sahnemischung zugeben und unterrüh-

ren. Mischung in den Topf zur restlichen Sahnemischung geben und unter Rühren auf 82 °C erhitzen (mit einem Küchenthermometer kontrollieren). Heiße Sahnemischung durch ein feines Sieb zur Kuvertüre in eine Schüssel gießen und alles mit einem Stabmixer glatt rühren. Restliche Sahne mit einem Handrührgerät steif schlagen und vorsichtig unter die auf 35 °C abgekühlte Schokoladenmasse heben.

## ZUSAMMENFÜGEN

Vanille-Mascarpone-Creme mit einem Spritzbeutel in die Einlageform einer Bûche-de-Noël-Form füllen. Kandierte Sauerkirschen darauf verteilen und 1 Stunde ins Gefrierfach stellen. Bûche-de-Noël-Form zu einem Drittel mit Schoko-Mousse füllen. Glatt streichen und einen 4 Zentimeter breiten, mit Kirschsirup getränkten Streifen Sacher-Biskuit darauflegen. Gefrorene Vanille-Mascarpone-Creme aus dem Gefrierfach nehmen, aus der Form lösen und in die Mitte der Bûche-de-Noël-Form setzen. Mit restlicher Schoko-Mousse bedecken und einen 7 Zentimeter breiten, mit Kirschsirup getränkten Sacher-Biskuit-Streifen darauflegen. Wieder ins Gefrierfach stellen.

## SCHOKOLADENSPÄNE

Kuvertüre in einem Wasserbad unter Rühren zum Schmelzen bringen. Fleur de Sel sieben und zugeben. Alles vermischen und mit einer Winkelpalette eine sehr dünne Schicht Kuvertüre auf einen Bogen Backpapier auftragen. Fest werden lassen und mit einem scharfen Messer Späne abziehen.

## GLASUR

Sahne und neutrale Glasur in einem Topf unter Rühren auf 40 °C erwärmen. Zucker zugeben, unterrühren und Sorbit untermischen. Vom Herd nehmen und 20 Minuten ruhen lassen. Gelatine in einer Schüssel im Wasser auflösen. Zur Sahnemischung geben und alles unter Rühren zum Kochen bringen. Kakaobutter in einem Topf zerlassen und zusammen mit der kalten Glucose zur Sahnemischung geben. Sofort alles mit einem Stabmixer glatt rühren und Lebensmittelfarbe unterrühren.

## GARNIEREN UND ANRICHTEN

Gefrorene Kirschrolle aus der Form lösen und mit der Glasur überziehen. Kirschen waschen und trocken tupfen. Schokoladenspäne mit Puderzucker bestäuben und Kirschrolle mit Schokoladenspänen und Kirschen garniert servieren.

# KIRSCH-MARSH-MALLOWS

FÜR CA. 30 MARSHMALLOWS
ZUBEREITUNG: 20 MIN.
GARZEIT: 5 MIN.
TROCKNEN: 24 STD.
(24 STD. IM VORAUS ZUBEREITEN)

## FÜR DAS KIRSCHENBAISER
10 Blatt Gelatine
500 g Zucker
20 g Glucosesirup
240 ml Wasser
3 Eiweiß (Größe S)
150 g Kirschpüree
30 ml Zitronensaft
etwas Butter für den Backrahmen und die
Silikonmatte

## ZUM GARNIEREN UND ANRICHTEN
250 g Maisstärke
250 g Puderzucker

## KIRSCHENBAISER
Gelatine mindestens 20 Minuten in einer Schüssel mit kaltem Wasser einweichen.
Zucker, Glucosesirup und Wasser in einem Topf unter Rühren auf 117 °C erhitzen (mit einem Küchenthermometer kontrollieren).
Eiweiße in einer großen hitzebeständigen Schüssel steif schlagen und Zuckersirup unterrühren, sobald er eine Temperatur von 108 °C erreicht hat.
Gelatine ausdrücken, in einer Schüssel mit etwas Kirschpüree verrühren und in der Mikrowelle zerlassen. Restliches Püree und Zitronensaft unterrühren. Mischung unter Rühren zur abgekühlten Baisermasse geben.

## GARNIEREN UND ANRICHTEN
Maisstärke und Puderzucker in eine Schüssel sieben und mischen.
Einen 40 × 30 × 3 Zentimeter großen gefetteten Backrahmen auf eine leicht gefettete Silikonmatte setzen und mindestens 2 Zentimeter hoch mit der Baisermasse füllen.
Etwas Maisstärkemischung gleichmäßig darauf verteilen und über Nacht an einem trockenen Ort bei 25 °C trocknen lassen.
Am nächsten Tag Backrahmen mitsamt Inhalt stürzen und Vorgang wiederholen: Gesamte Baiseroberfläche mit etwas Maisstärkemischung bestreuen und über Nacht trocknen lassen.
Masse aus dem Backrahmen lösen, in Würfel schneiden, in der restlichen Maisstärkemischung wälzen, in ein Sieb geben und überschüssige Maisstärke abschütteln. Marshmallows sofort servieren oder bis zum Verzehr in einem luftdicht verschließbaren Bonbonglas aufbewahren.

ANHANG

# REZEPTREGISTER

## ERDBEEREN UND WALDERDBEEREN

## HIMBEEREN UND BROMBEEREN

Die Originalausgabe erschien 2018 unter dem Titel
*Les fruits rouges de mon jardin* bei
Éditions de La Martinière

25, boulevard Romain Rolland
75014 Paris
www.editionsdelamartiniere.fr

Copyright © 2018 Éditions de La Martinière,
une marque de la société EDLM

Aus dem Französischen von Julia Paiva Nunes

1. Auflage 2019

Deutsche Ausgabe Copyright © 2019 Gerstenberg
Verlag, Hildesheim
Alle Rechte vorbehalten
Redaktion und Satz: twinbooks, München

Printed in Portugal

www.gerstenberg-verlag.de
ISBN 978-3-8369-2163-3

# DANKSAGUNG

Herzlich bedanke ich mich

bei Madeleine, dafür, dass sie ihre Leidenschaft
für Gartenfrüchte mit mir geteilt hat;

bei Laurent Fau, Fotograf und Künstler, mit dem
mich eine über zehnjährige Freundschaft verbin-
det, und seiner Assistentin »Ficelle«;

bei Sarah Vasseghi, Foodstylistin und Grafik-
Designerin;

bei Norbert mit seinem Kirschbaum;

bei Gregory, für seine Arbeit bei der Vorbereitung
und seine Mithilfe;

bei allen Mitarbeitern der Maison Cassel, die
jeden Tag daran arbeiten, anderen eine Freude
zu bereiten;

bei Cathy und Jean Guillaume von P'tite Cocotte
in Fontainebleau;

bei meiner Ehefrau für ihre Geduld, ihre köstlichen
kleinen Wochenendgerichte, ihren Expertenblick
und ihren täglichen Beistand;

bei Relais Desserts für den gegenseitigen Aus-
tausch, das gemeinsame Teilen und die Freundschaft;

…

bei den drei Generationen der Familie Chardon,
die uns bei der Verwirklichung des großen Aben-
teuers »Rote Früchtchen« unterstützt haben;

bei den Verlagsmitarbeitern von Éditions de La
Martinière, die mir nach einer Kostprobe eines
Schälchens Erdbeeren ihr Vertrauen geschenkt
haben: Laure Aline, Marie-Cécile Germiyanoglu
und Agathe Masson,

sowie bei Christine Cameau, Caroline Chambeau
und Thierry Heuninck für ihre Mitwirkung.